기름기를 쪽 뺀, 담백하고 NEAT한 영문법서!

문법훈련소 기초1

Secret Pond

문법훈련소기초1

초판 1쇄 발행 2012년 2월1일
지은이 고재경
펴낸이 지명자
펴낸곳 Secret Pond
　　　　Dongwon-ro 89-1, Manchon-dong
　　　　Suseung-Gu, Daegu, Korea
　　　　Tel. 053-294-5965　Fax.053-289-5965
　　　　등록번호 제2011-000036호, 2009.11.27
　　　　cafe.naver.com/Secretpond
ISBN978-89-963543-2-1 54740
ISBN978-89-963543-1-4 (세트)
정가: 10,000원

First Edition, Copyright©2011Secret Pond
All rights reserved. No part of this publication may be reproduced or distributed in any form or by any means, electronic or mechanical, including photocopying, recording or by any information storage and retrieval system, without prior permission of the copyright owner.

문법훈련소는…

요즘 나오는 '영어 학습기'를 읽어보면 저마다 천재적인 소질을 타고 난 것 같습니다. 일찍부터 훌륭한 부모님을 만나 '이렇게 영어를 마스터했다'라는 자랑을 읽고 있노라면 또 다른 열등의식을 느낄 수밖에 없을 것입니다.

그래서 영어를 다시 시작하겠노라고 어렵게 다짐하고 책을 집어 들지만, 어디서부터 시작해야 할지 막막하기만 한 것이 현실입니다. 너무 이상합니다. 영어 학습 방법론이나 경험담에 관련된 책은 너무나 많은데 정작 공부를 하려면 마땅한 책이 떠오르지 않는 걸 보면 말입니다. 문법서는 더욱 그렇습니다. 너무 오래되었거나, 너무 장황하거나, 너무 복잡하거나, 너무 산만합니다.

그래서 문법훈련소가 탄생했습니다! 이 문법훈련소는 철저히 학습자 중심으로 만들어졌습니다. 영어문법에 생소한 사람들이, 혹은 영어문법이라면 알레르기부터 나는 사람들이 가장 어려워하는 부분이 뭘까, 가장 필요한 부분이 무엇일까를 고민하며 썼습니다. 영어를 지지리도 못했던 중학생 때로 되돌아가 보았습니다. 그리고 그 때 제일 어려워했던 부분이 무엇인지, 제일 이해가 안 되었던 부분이 무엇인지를 생각하며 만들었습니다. 그래서 설명을 '지겨울 정도로' 친절해 해 두었습니다. 따라서 기존의 문법서의 체계와는 많이 다를 수 있습니다. 학습자가 힘들어하는 부분부터 해결해 나가면서 차곡차곡 쌓아가도록 만들고자 했기 때문입니다.

문법훈련소는 문법만을 '집중적으로 훈련'할 수 있는 교재입니다. 단지 머리로 이해하고 넘어가는 정도로 그치는 것이 아니라 완전히 체득(體得)할 수 있는 수준까지 훈련시킵니다.

'피아노를 잘 한다'라는 말은 머리로 잘 한다는 것이 아니라 '연주를 잘한다'라는 의미일 겁니다. '영어를 잘 한다'라는 말도 똑같습니다. 단지 머리로 이해하는 것이 아니라, 입으로 '연주'를 할 수 있어야 하는 것이죠. 이렇게 되기 위해서는 문법이 이해되는 정도가 아니라, 느껴져야 합니다.

가령, '학교는'이 맞는지, '학교은'이 맞는지를 우리는 어떻게 압니까? 바로 느낌입니다. '학교은'이라고 말하면 이상합니다. 이상한 느낌이 든다는 말이죠. 그런데 이 느낌을 우리는 '문법'을 알아서 아는 것이 아니라 몸에, 입에, 머릿속에 이미 '체득'되어 있기 때문에 느껴지는 것입니다. 영어도 이 수준이 된다면 얼마나 편하겠습니까. 문법훈련소는 바로 이런 느낌이 들도록 하고자 노력했습니다. 아무리 쉬운 문법이라도 체득이 되지 않으면 껍데기일 뿐입니다.

같은 내용의 연습이 계속 반복되더라도 견뎌내십시오. 훈련은 힘들기 마련입니다. 꾸준히 참고 훈련한다면 언젠가는 영어문법이 우리나라 말처럼 느껴질 것입니다.

느껴지지 않는 문법은 모르는 것입니다!

저자

문법훈련소 시리즈는…

*마치 수학교재처럼 단계별로 조직화하였습니다.
*처음부터 이해하지 못하는 내용이나 문법 용어가 나오지 않아요!
*스스로 공부할 수도 있고, 수업용으로도 사용 가능한 이중 구조로 구성하였습니다.
*'기초1', '기초2', '기본'으로 난이도가 조정되어 있으므로 학생들의 수준에 따라 자유롭게 사용가능합니다.
*특히, 기본편은 단기간에 고교문법의 기초내용을 마스터할 수 있도록 고안되었습니다.
*철저히 학습자 중심입니다. 학습자가 가장 힘들어하는 부분과 꼭 필요한 내용을 학습의 흐름에 따라 구성하였습니다.
*철저히 실용적입니다. 문법훈련소 시리즈에 따라 공부해 나가다 보면 어느새 영작도 가능하게 됩니다.
*학교 문법 시험 대비에도 효과적입니다.
*꼭 필요한 어휘도 자연스럽게 습득이 됩니다.
*학교나 학원에서 문법특강 교재로 유용합니다.
*독해 없이 문법만 훈련하기 위해 설계된 문법 특화 교재이므로 단기간에 문법만 정리하고자 할 때 아주 유용합니다.
*문법을 내용별로 철저히 체계화하였기 때문에 부족한 내용을 선택하여 정리할 수 있습니다.
*기존의 문법서의 구태의연한 부분을 보완하거나 삭제하고, 현재 나오는 문법서의 산만함을 극복하였습니다.

문법훈련소를 사용하시는…

*학생들에게

스스로 문법연습을 할 수 있습니다. 처음에는 답안지를 보지 말고 연습을 하세요. 설명이 자세히 되어 있기 때문에 별 어려움이 없을 것입니다. 아는 것이라도 꼼꼼하게 완전한 문장을 다 쓰십시오. 문장을 쓰면서 입으로 읽어야 합니다. 문법을 문법이 아니라 습관이 되도록 하십시오.

*학교, 학원, 과외 선생님들에게

주 교재로 사용하셔도 됩니다. 특히 방학 특강 등 단기간 문법 정리 교재로 좋습니다. 물론 부교재로 가끔씩 하셔도 됩니다. 특정 부분의 문법에 대해 집중적으로 훈련해야할 필요가 있을 때 특히 유용합니다. 아예 숙제용으로 내주시고 일주일에 한 번씩 체크하시는 방법도 괜찮습니다. 그 활용도는 제한이 없습니다.

단, 교실에서 수업할 때는 '설명'부분을 건너뛰고, 수업용으로 요약되어 있는 서머리섹션 부분만을 중심으로 진행하시면 됩니다.

*기호설명
▶ 부가설명, 문제를 풀기위한 힌트
■ 단어정리

문법훈련소 시리즈의 구성

〈문법훈련소기초1〉은 영문법을 처음으로 공부할 때!
〈문법훈련소기초2〉는 〈기초1〉편을 본 다음에!
〈문법훈련소기본〉은 〈기초2〉까지 보았거나, 단기간에 고교기본문법을 정리 하고자 할 때!

문법훈련소기초1

- 인칭대명사
- be동사 연습
- 일반동사 연습
- 부정문 만들기
- 의문문 만들기
- 조동사 will, must, can
- 의문사로 의문문 만들기
- 현재진행형
- 과거로 말하자
- 부정의문문
- 명사
- 명사 앞에 a(n), the붙이기
- There be 구문
- 전치사
- 형용사
- 부사
- 빈도부사
- 문장구성성분 맛보기
- 동사를 명사로 만들기
- 지시사 this와 that
- 명령해 봅시다
- Let's 문형
- 부가의문문
- 감탄문 만들기
- 비인칭 주어 It
- 비교구문(기초)
- 기수와 서수
- 숫자 읽기
- 중요한 표현들
- 나라이름,사람이름,언어이름

문법훈련소기초2

- 외우자! 3단변화
- 현재완료
- 과거완료
- 미래완료
- 진행형
- 현재완료진행형
- 수동태(기초)
- 수여동사(4형식)
- 동사+형용사(2형식)
- 사역동사, 지각동사(5형식)
- 조동사(기본)
- 관사 ; a(n)과 the
- 명사의 수(數)
- 명사, 형용사, 부사의 역할
- to부정사
- to부정사의 의미상 주어
- to부정사와 동명사
- 분사; 형용사가 된 동사
- 비교구문(기본)
- 관계대명사(기초)
- 재귀대명사
- 부정대명사, 부정형용사
- 전치사(기본)
- 종속접속사
- 의문사
- 간접의문문
- 구와 절
- '시조부현미대' 현상
- '나도 그래요' 표현
- 동격
- 가정법(기초)

문법훈련소기본

- 문장의 형식
- 시제 정리
- 수동태
- 부정사 정리
- 동명사 정리
- 분사와 분사구문
- 조동사 정리
- 가정법
- 명사 정리
- 관사 정리
- 형용사와 부사 정리
- 비교구문 정리
- 전치사
- 구동사(동사+전치사/부사)
- 대명사 정리
- 접속사 정리
- 의문문 정리
- 관계대명사 정리
- 관계부사 정리
- 관계사+ever
- 특수한 구문들
- 화법

문법훈련소 기초1의 CONTENTS

008	|	인칭대명사
014	|	be동사 연습
019	|	일반동사 연습
026	|	부정문 만들기
034	|	의문문 만들기
043	|	조동사 will, must, can
058	|	의문사로 의문문 만들기
071	|	현재진행형
078	|	과거로 말하자
092	|	부정의문문
095	|	명사
105	|	명사 앞에 a(n), the 붙이기
109	|	There be 구문
114	|	전치사
123	|	형용사
126	|	부사
132	|	빈도부사
137	|	문장구성성분 맛보기
140	|	동사를 명사로 만들기
145	|	지시사 this와 that
148	|	명령해봅시다
152	|	Let's 문형
156	|	부가의문문
160	|	감탄문 만들기
166	|	비인칭 주어 It
168	|	비교구문(기초)
178	|	기수와 서수
185	|	숫자 읽기
196	|	중요한 표현들
201	|	나라이름, 사람이름, 언어이름
207	|	해답편

인칭대명사

누군가를 부르거나 지칭할 때, 그 대상의 이름 대신 사용하는 말을 인칭대명사라고 합니다.

예를 들어, 'Tom은 잘생겼어'를 '그는 잘생겼어'로 말 할 수 있죠. 이때 '그'가 인칭대명사입니다.

인칭대명사를 공부하기 전에 우선 '인칭'이 무엇인지를 알아야겠죠. 인칭이란 쉽게 말해서 '누구를 가리키고 있느냐'를 말하는 것입니다. 자신을 가리키는지, 상대방을 가리키는 지를 밝히는 것을 '인칭'이라고 합니다.

이 '인칭'의 종류는 세 가지뿐 입니다.

1인칭, 2인칭, 3인칭

우선, 이 세상에서 아니, 이 우주에서 가장 중요한 사람이 있습니다. 바로 '나'(I)죠. 그래서 영어에서는 항상 대문자로 쓰는 모양입니다.(여러분 자신은 아주 귀중하고도 소중한 존재임을 잊지 마세요!) 바로 '나'를 '1인칭'이라고 합니다.

그리고 지금 이야기를 나누고 있다면, 이야기를 나누고 있는 상대방은 '너'입니다. 이를 '2인칭'이라고 합니다. 1인칭과 2인칭을 제외한 나머지 전부를 묶어서 3인칭이라고 합니다. 그래서 1인칭에 쓰이는 대명사를 1인칭 대명사(I, we), 2인칭에 쓰이는 대명사를 2인칭 대명사(you), 3인칭에 쓰이는 대명사를 3인칭 대명사(he, she, it, they)라고 합니다.

*이 인칭대명사들은 약간씩 변합니다.

<u>나는</u> 네가 좋아.	<u>I</u> like you.	→	~는 : 주격
이것은 <u>나의</u> 책이야.	This is <u>**my**</u> book.	→	~의 : 소유격
그는 <u>나를</u> 좋아해.	He likes <u>**me**</u>.	→	~를 : 목적격
이 책은 <u>나의 것</u>이야.	This book is <u>**mine**</u>.	→	~의 것 : 소유대명사

- **주격, 소유격, 목적격할 때 쓰이는 '격'이라는 말은 무슨 뜻일까요?**

  '자리'라는 뜻입니다. 영어에서는 그 단어가 어디에 있는지가 무척 중요하죠. 그래서 같은 인칭대명사라도 어디에 위치해 있느냐에 따라서 그 모양이 약간씩 달라집니다.

  ① 주어자리에 있으면 : 주격
  ② 뭔가를 꾸며주는 자리에 있으면 : 소유격
  ③ 동사의 대상이 되어서 '~를'이라고 해석이 되면 : 목적격

우리나라 말은 '~는', '~을/를' 같은 조사를 붙여서 격(자리)변화를 하지만 영어에서는 단어모양이 약간씩 변함으로써 격변화를 합니다. 여기서는 그 모양을 알아보고 외워보도록 하겠습니다.

인칭대명사 정리

1. 인칭의 종류

1인칭	I , we
2인칭	you ▶2인칭은 단수복수 형태가 같습니다.
3인칭	he, she, it, they … ▶1인칭과 2인칭을 제외한 모든 것

2. 인칭대명사의 변화

주격	~은/는(~이, ~가)	I like you. 나는 너를 사랑해
소유격	~의	You are my love. 너는 나의 사랑이야
목적격	~을/를, ~에게	I love you. 나는 너를 사랑해
소유대명사	~의 것	I am yours. 나는 너의 것이야

3. 인칭대명사 변화표 ▶이걸 다 외우지 못한 채 영어공부를 한다는 건 말이 안 됩니다. 외워봅시다!

		주격(~는)	소유격(~의)	목적격(~를)	소유대명사 (~의 것)
1인칭	I 나는	my	me	mine
	we 우리는	our	us	ours
2인칭	you 너는	your	you	yours
3인칭	he 그는	his	him	his
	she 그녀는	her	her	hers
	it 그것은	its	it	×
	they 그들은	their	them	theirs
명사	Susan Susan은	Susan's	Susan	Susan's

▶2인칭은 단수/복수 형태가 똑같아요.

• 보지 말고 외워서 써 봅시다.

		주격(~는)	소유격(~의)	목적격(~를)	소유대명사 (~의 것)
1인칭		I 나는			
		we 우리는			
2인칭		you 너는			
3인칭		he 그는			
		she 그녀는			
		it 그것은			
		they 그들은			
명사		Susan Susan은			

훈련문제 **1** 제시된 인칭대명사를 격에 맞게 빈칸에 쓰시오.

1. 나는 너를 좋아해. *(you)*   I like _____

2. 나는 너의 개를 좋아해. *(you)*   I like _____ dog.

3. 너는 나를 사랑해. *(I)*   You love _____

4. 너는 나의 컴퓨터를 좋아해. *(I)*   You like _____ computer.

5. Mike는 그들을 싫어해. *(they)*   Mike hates _____

6. Mike는 그들의 선생님을 싫어해. *(they)*   Mike hates _____ teacher.

7. 그녀는 Susan을 알아. *(Susan)*   She knows _____

8 그것은 Susan의 공책이야.*(Susan)*   It's _____ notebook.

9 이 사람은 그녀의 남자형제야.*(she)*   This is _____ brother.

10 Jane은 그들과 함께 학교에 간다.*(they)*   ▶with와 같은 전치사 뒤에는 목적격을 씁니다.

　　　Jane goes to school with _____.

11 이 책은 너의 것이 아니야.*(you)*   This book is not _____.

12 난 그의 아버지를 몰라.*(he)*   I don't know _____ father.

13 나는 그를 아주 많이 좋아해.*(he)*   I like _____ very much.

14 이 연필은 그들의 것이야.*(they)*   These pencils are _____.

15 여기는 우리의 집이야.*(we)*   This is _____ house.

16 그들은 우리를 믿는다.*(we)*   They believe _____.

17 이 책들은 우리의 것이야.*(we)*   These books are _____.

18 이것은 내(나의) MP3 player야. (그것의) 소리가 좋아.*(it)*

　　　This is my MP3 player. _____ sound is good.

19 그것을 아주 많이 좋아해.*(it)*   I like _____ very much.

틈틈이 단어정리

- hate 싫어하다
- believe 믿다
- with ~함께

- **it 과 its, 그리고 it's**

  인칭대명사를 공부할 때 제일 혼동되는 부분이므로 잘 익혀 두어야 하겠습니다.
  각각의 인칭대명사는 모두 복수형태가 있습니다. I는 we, you는 you…
  그렇다면 it의 복수형은 무엇일까요? its? 아닙니다. it's는 더더욱 아닙니다.
  it의 복수형은 바로 they입니다.
  he, she의 복수형도 모두 they입니다.
  its는 it의 소유격형태이고,
  it's는 it is의 줄임말입니다.
  틀리지 않도록 합시다.

- **Mr, Miss, Ms, Mrs?**

  예의를 갖추어 사람을 부를 때, 그 사람 성(姓) 앞에 붙여 사용하는 말입니다.

  *남자를 호칭할 때
  Mr. Smith 스미스씨(또는 스미스 선생님 정도의 의미)

  *결혼하지 않은 여자를 호칭할 때
  Miss White 화이트양

  *결혼한 여자를 호칭할 때
  Mrs. Smith 스미스부인   ▶영미권에서는 여자가 결혼하면 남편의 성을 따릅니다.
  Mr. and Mrs. Smith 스미스부부

  *결혼에 상관없이 여자를 호칭할 때
  Ms. White 화이트씨(양)

be동사 연습

나 여기 <u>있어</u>.
넌 나의 <u>친구야</u>.
그녀는 <u>아름답다</u>.
그는 방안에 <u>있어</u>.

위 문장에서 밑줄 친 부분이, be동사가 담당하는 의미입니다. 주로 <u>상태(~이다)</u>나 <u>존재(~에 있다)</u>에 대한 <u>묘사</u>를 할 때 쓰이는 아주 중요하고도 기본적인 동사입니다. 인칭대명사를 공부한 뒤에 바로 'be동사'를 배우는 이유는, 인칭대명사 다음에 쓰여서 아주 기본적이고도 중요한 의미를 만들어 내기 때문이지요. be동사에는 총 세 가지가 있습니다.(물론 과거형이 있긴 한데 그건 나중에 배우겠습니다.)

am, are, is

I am here.
You are my friend.
She is beautiful.
He is in the room.

인칭대명사에 따라, 쓰이는 be동사가 달라집니다. 그러니까 실수하지 않도록 충분히 익혀 두어야 하겠죠? 아예 다음과 같이 붙여서 암기를 하세요.

I am~, We are~, You are~, He is~, She is~, It is~, They are~

be동사 정리

1. be동사의 종류: am, are, is

2. be동사의 뜻: ①~이다 ②~에 있다

3. 주어가 무엇이냐에 따라서 be동사가 달라집니다.

   ①주어 I 는 특별하니까: am

   ②3인칭 단수(he, she, it, Sam…)는: is

   ③나머지(you, we, they…)는: are

- **3인칭 단수란?**

  우선, 3인칭이 뭘까요? 1인칭(I와 We), 2인칭(You)을 뺀 나머지 전부를 3인칭이라고 합니다. 그리고 '단수'라는 건 하나를 의미합니다. 즉, '나'도 아니고 '너'도 아닌 것 중에서 '혼자'인 것을 말합니다. 여러 개(복수)라는 증거가 없으면 단수입니다. 3인칭 단수는 아주 중요한 개념입니다. 나중에 배우겠지만, '일반동사'를 공부할 때 지겹도록 나옵니다. 이해가 안 된다면 될 때까지 생각해 보고 확인해 봅시다.

│훈련문제│ 2 다음 중 3인칭 단수를 있는 대로 고르시오.

① Flowers   ② A dog   ③ John

④ My parents   ⑤ The city   ⑥ He

⑦ They   ⑧ Your father   ⑨ You and your sister

⑩ His book

[훈련문제] 3 빈 칸에 알맞은 be동사를 넣어보고, 정확히 해석해 봅시다.

1 I _____ happy. *해석:

2 We _____ friends. *해석:

3 He _____ my teacher. *해석:

4 You _____ very tall. *해석:

5 She _____ short. *해석:

6 It _____ my pet. *해석:

7 They _____ in the classroom. *해석:

8 Sally _____ crazy. *해석:

9 My parents _____ nice to me. *해석:

10 Susan and Tom _____ diligent. *해석:

11 The flower _____ very pretty. *해석:

12 My dogs _____ too ugly. *해석:

13 My favorite game _____ *StarCraft*. *해석:

14 Your friend _____ lazy. *해석:

15 His friends _____ smart. *해석:

16 The bus _____ so dirty. *해석:

17 This _____ my book. *해석:

18 These _____ my pets. *해석:

19 That _____ my tree. *해석:

20 Those _____ birds. *해석:

틈틈이 단어정리

- crazy ⑱미친
- diligent ⑱근면한, 부지런한
- ugly ⑱못생긴
- favorite ⑱가장 좋아하는
- lazy ⑱게으른
- these ㈹이것들(this의 복수)
- those ㈹저것들(that의 복수)

● 주어는 뭐고 동사는 뭘까?

주어는 주인공입니다. 동사는 그 주인공의 움직임이나 상태를 나타내 주는 역할을 합니다. 예를 들어, 'The birds fly.' 라는 문장에서 주인공은 The birds입니다.(보통은 맨 처음에 나옵니다.) 그 The birds를 '주어'라고 합니다. 그런데 그 새가 어떠하다고 하죠? 난답니다.(fly) 그 'fly'를 동사라고 합니다.

The birds   fly.
  주어   동사

He is my father.
주어 동사

훈련문제 4 다음 문장에 주어와 동사를 표시하시오.

1   I run.

2   I like you.

3   He plays the violin.

4   My father loves me.

5   I am hungry.

6   You are my friend.

7   A big mouse is my favorite food.

8   Your brother hates me.

9   This is my place.

10 It is my dog.

틈틈이 단어정리

- favorite ⑱가장 좋아하는
- hate ⑧미워하다
- place ⑲장소

일반동사 연습

'일반'이란 무엇일까요? 영화 매표소에서 학생 6,500원, 군경 6,500원, 일반 7,000이라고 적혀 있다고 해요. 학생도 아니고 군인이나, 경찰도 아닌 사람은 얼마를 내야 할까요? 넵! 7,000원을 내야 합니다. 즉 어떤 특수한 것을 제외한 그 이외의 모든 것을 '일반'이라고 합니다.

'일반동사'란? 동사 중에 특수한 것들(be동사나 조동사)을 제외한 모든 동사

이 일반동사 들은 앞서 배운 be동사나 뒤에 배울 조동사들과는 다른 성질을 가지고 있습니다. 그 중에 가장 중요한 성질이 있는데요, 이건 정말 기본적이고도 중요한 부분이므로 집중해서 읽어주시기 바랍니다.

주어가 3인칭 단수일 때는 일반동사 뒤에 s를 붙여야 합니다.

훈련문제 5 괄호 안에서 어법에 맞는 것을 선택하시오.

1 I (play, plays) the piano.
2 We (play, plays) the piano.
3 You (play, plays) the piano.
4 He (play, plays) the piano.
5 She (play, plays) the piano.
6 They (play, plays) the piano.
7 Susan (play, plays) the piano.
8 You (help, helps) me.
9 They (help, helps) me.
10 She (help, helps) me.
11 Mary (help, helps) me.
12 They (help, helps) me.
13 I (like, likes) my pet.
14 You (like, likes) my pet.
15 My mother (like, likes) my pet.
16 My parents (like, likes) my pet.
17 Your sister (like, likes) my pet.
18 Your sisters (like, likes) my pet.
19 Jack (like, likes) my pet.
20 Jack and Susan (like, likes) my pet.
21 I (go, goes) to school.
22 You (go, goes) to school.
23 He (go, goes) to school.
24 She (go, goes) to school.
25 It (run, runs) away.
26 The car (run, runs) away.
27 The cars (run, runs) away.

일반동사 정리

1. 일반동사란? be동사나 조동사(나중에 배웁니다)를 제외한 나머지 모든 동사
2. 일반동사를 쓸 때 가장 중요한 점은!
   <u>주어가 3인칭 단수(줄여서 3단)일 때, 동사에 s를 붙여야 합니다!</u>

3. 동사원형에 s붙이는 법
   ① s(ss), o, x, sh, ch 로 끝날 때는 es를 붙입니다.

   kiss → kiss**es**   go → go**es**   fix → fix**es**

   wash → wash**es**   watch → watch**es**

   ② 〈자음+y〉로 끝날 때는 y를 i로 고치고 es를 붙입니다.

   study → stud**ies**

   *단! 〈~모음+y〉일 때는 그냥 붙입니다.   play → play**s**

   ③ **have**는 **has**로 바꿉니다.
   ④ 나머지는 s를 붙이면 됩니다.

▎훈련문제▎ **6** 다음 동사에 's'를 붙여 봅시다.

1 come 오다   → _____

2 stay 머무르다   → _____

3 touch 만지다   → _____

4 get 얻다, 움직이다 → _____

5 cry 울다   → _____

6 hold 붙잡다   → _____

7 buy 사다   → _____

8 teach 가르치다   → _____

9 do ~하다   → _____

10 lie 거짓말하다   → _____

11 fix 고치다, 고정하다 → _____

12 wash 씻다   → _____

13 study 공부하다   → _____

14 have 가지다   → _____

15 pass 건네주다   → _____

16 watch 보다   → _____

훈련문제 7 주어진 동사로 빈 칸을 채우시오 ▶필요하면 형태를 변형하시오

1 그는 매일 영어를 공부합니다. *(study)*

He _____ English everyday.

2 우리는 너를 아주 많이 좋아한단다. *(like)*

We _____ you very much.

3 그들은 컴퓨터 게임을 너무 많이 해. *(play)*

   They _____ computer games too much.

4 그녀는 그 가게에서 음식을 산다. *(buy)*

   She _____ food at the store.

5 John은 빨리 달려. *(run)*   John _____ fast.

6 Sally는 개 한 마리를 가지고 있어. *(have)*   Sally _____ a dog.

7 우리 부모님은 열심히 일하셔. *(work)*   My parents _____ hard.

8 새가 하늘을 난다. *(fly)*   A bird _____ in the sky.

9 Susan과 Mike는 매일 아침 길을 따라서 걷는다. *(walk)*

   Susan and Mike _____ along the street every morning.

10 내 강아지는 나를 사랑해. *(love)*   My dog _____ me.

11 Mr. Kim은 일요일마다 교회 간다. *(go)*

    Mr. Kim _____ to church on Sundays.

12 아기는 혼자 있을 때 운다. *(cry)*

    A baby _____ when he is alone.

13 네 형(혹은 동생)은 숙제를 한다. *(do)*

    Your brother _____ his homework.

14 내 아들은 나를 위해 차를 씻는다. *(wash)*

My son _____ my car for me.

15 내 딸은 TV를 너무 많이 봐. *(watch)*

My daughter _____ TV too much.

16 Mr. Smith는 우리들에게 영어를 가르쳐. *(teach)*

Mr. Smith _____ English to us.

17 Harry는 부엌에서 그의 엄마를 돕는다. *(help)*

Harry _____ his mother in the kitchen.

18 난 네 이름 알아. *(know)*   I _____ your name.

19 그녀는 나에게 먹을 것을 주셔. *(give)*

She _____ me something to eat.

20 Helen은 뭔가를 사기위해 더 많은 돈을 원해. *(want)*

Helen _____ more money to buy something.

21 그 버스는 그 정류장에 선다. *(stop)*   The bus _____ at the stop.

22 그들은 아침 6시에 일을 시작한다. *(begin)*

They _____ their work at 6 in the morning.

23 그는 물을 많이 마신다. *(drink)*   He _____ much water.

24 Michael Jackson은 춤을 아주 잘 춘다. (dance)

   Michael Jackson _____ very well.

25 엄마는 나에게 많은 책을 읽어 주신다. (read)

   My mother _____ many books to me.

26 Susan은 그에게 많은 편지를 쓴다. (write)

   Susan _____ a lot of letters to him.

27 그들은 많은 과일을 먹는다. (eat)

   They _____ a lot of fruits.

28 지구는 태양 주위를 돈다. (move)

   The earth _____ round the sun.

틈틈이 단어정리

- too much 너무 많이
- at the store 그 가게에서
- along the street 길을 따라서
- every morning 매일 아침
- on Sundays 일요일마다 = every Sunday
- alone 혼자, 혼자서
- something to eat 먹을 것
- in the morning 아침에
- very well 아주 잘
- a lot of 많은
- round the sun 태양 주위를

부정문 만들기

'부정문 만들기'는 문장 속에 'not 집어넣기'입니다. 정말 쉽죠? **not**만 집어넣으면 됩니다. 정말입니다.

Three. 3시야. → Not three. 3시 아니야.
Here. 여기야. → Not here. 여기 아니야.

　그런데 동사가 들어있는 문장에 **not**을 집어넣을 때는 약간 신경 써야 합니다. 법칙(문법)에 맞아야 하죠. 그리고 그 방법이 'be동사'일 때와 '일반동사'일 때가 다릅니다.
　우선, be동사 일 때는 be동사 뒤에 **not**만 넣어주면 됩니다.

I am happy. → I am not happy.
They are my students. → They are not my students.

　어때요? 너무 쉽죠? 그런데, **be동사**가 아닌 일반동사 일 때는 약간 복잡합니다. 일반동사 바로 뒤에 **not**을 집어넣지 못하거든요. 절대로 일반동사 '뒤'를 건드리면 안 됩니다. 성질이 정말 괴팍한 놈들이죠. 그렇다고 생뚱맞게 앞에다 집어넣을 수도 없고… 흠 어떻게 할까요?
　그 해결책은 바로 제일 만만한 동사, **do**가 가지고 있습니다. 이 **do**라는 동사는 봉사정신이 투철합니다. 자신이 일반동사이긴 하지만 일반동사라는 특권의식을 버리고 조동사로 환생하시어 기꺼이 자신의 몸 뒤에다 **not**을 집어넣으신 겁니다!!! 일반동사 앞에다 **do**를 쓰고 그 뒤에, **not**을 집어넣으면 됩니다. 무슨 말인지 모르겠다고요? 열내지 말고 다음을 보세요.

I walk to school. 나는 학교까지 걸어간다. → I do not walk to school.

do not을 줄여서 **don't**로 써도 됩니다. 즉, 일반동사 앞에다 **don't**를 집어넣으면 부정문이 됩니다.

I walk to school. → I **don't** walk to school.

그러면 다음 문장을 부정문으로 만들어 볼까요?

She walks to school.

눈치가 빠른 학생들은 차이가 뭔지 금방 알 수 있을 겁니다. 그렇죠. 주어가 3인칭 단수군요. 이럴 땐 어떻게 바꿀까요?

She don't walks to school. (×)

흠흠… 글쎄… 왠지 틀린 것 같죠? 주어가 3인칭 단수 일 때, **don't**는 어떻게 바뀔까요? 네, doesn't입니다. (does+not)

She doesn't walks to school. (×)

짜잔~! 응? 그래도 틀린 것이 있군요. 잊지 마세요! **doesn't** 뒤에는 동사원형(동사의 원래 모양)이 와야 합니다.

She doesn't walk to school. (○)
이것이 정답입니다.

• 동사원형이란 무엇일까요?

'동사원형'이란 동사의 원래모양을 뜻합니다. 영어에서의 동사는 여러 가지로 변하는데, 그 변하기 전의 모양을 동사원형이라고 합니다. 자, 그러면 문제입니다. **go**의 동사원형은 무엇일까요? **goes**의 동사원형은 무엇일까요? **going**의 동사원형은 무엇일까요? 넵! 전부 **go**입니다.

문제 하나 더 내죠. **am**의 동사원형은 무엇일까요? **are**의 동사원형은 무엇일까요? **is**의 동사원형은 무엇일까요? (힌트, 이 동사들을 우리는 뭐라고 부르죠? **be동사**라고 부르죠?) 네! 그렇습니다. **am/are/is**의 동사원형은 바로 **be**입니다. 아주 중요하니까 반드시 외워두도록 하세요.

be동사일 때 부정문 만들기

• be동사일 때는 → **be동사** 뒤에 **not**만 집어넣으면 됩니다.

They are my children.

→ They <u>are not</u> my children.

= They <u>aren't</u> my children.

• 줄임말

① be동사 뒤에 not이 붙을 때는 줄여서 쓸 수 있습니다.

    are not → aren't   is not → isn't   단, am not → amn't (×)

② 주어와 붙여서 줄일 수도 있습니다.

    I am → I'm   We are → We're

    You are → You're   He is → He's

    She is → She's   It is → It's

    They are → They're

훈련문제 8 밑줄 친 부분을 줄여서 다시 써 봅시다.

1   You are happy. → _____

2   He is an English teacher. → _____

3   They are your friends. → _____

4   Mike is not very tall. → _____

5   This is not my dog. → _____

6   There is lots of food. → _____

7   I am in your room. → _____

8   They are not diligent. → _____

9   You are not American. → _____

10   He is not a fireman. → _____

11   It is my book. → _____

12   It is not my toy. → _____

13   I am not your friend. → _____

- lots of~ 많은~
- diligent 형 부지런한, 근면한
- American 명 미국인 형 미국의~

▌훈련문제▐ 9 다음 문장을 부정문으로 만드시오.

1   You are happy. → You _____

2   He is an English teacher. → He _____ an English teacher.

3   They are your friends. → They _____ your friends.

4   Mike is very tall. → Mike _____ very tall.

5   This is my dog. → This _____ my dog.

6   There is lots of food. → There _____ lots of food.

7   I am in your room. → I _____ in your room.

8   They are diligent. → They _____ diligent.

9   You are American. → You _____ American.

10 He is a fireman. → He _____ a fireman.

일반동사일 때 부정문 만들기

1. 일반동사가 쓰인 문장을 부정문으로 만드는 방법

    → 그 일반동사 앞에 **don't** 나 **doesn't**를 집어넣는다.

2. 주어가 3인칭 단수 일 때: **doesn't**, 나머지는 **don't**

    I like you. → I don't like you.

    He likes me. → He doesn't like me.

- doesn't나 don't 뒤에는 항상 동사원형이 와야 합니다!

    They don't **have** breakfast.
    He doesn't **have** breakfast.

훈련문제 10 다음 문장을 부정문으로 만드시오.

1 You like me. → You _____ me.

2 He reads your book. → He _____ your book.

3 The flower smells good.

   → The flower _____ good.

4 My parents love me. → My parents _____ me.

5 You have a brother. → You _____ a brother.

6 Mr. Kim teaches English.

   → Mr. Kim _____ English.

31

7 Betty does her homework.

→ Betty _____ her homework.

8 His sister likes the movie.

→ His sister _____ the movie.

9 She washes the dishes.

→ She _____ the dishes.

10 He goes to school. → He _____ to school.

11 He studies English everyday.

→ He _____ English everyday.

12 We like you much. → We _____ you much.

13 Sally has a monkey. → Sally _____ a monkey.

14 Your baby cries. → Your baby _____

15 He helps his mother. → He _____ his mother.

■ smell good 냄새가 좋다
■ wash the dishes 설거지하다
■ homework ⑲숙제
■ parents ⑲부모

too와 either의 용법

1. 의미: ~도 역시
2. 용법:

    too → 긍정문에서   either → 부정문에서

    I like it, too. 나도 좋아해요.

    I don't like it, either. 나도 좋아하지 않아요.

▎훈련문제▎ **11** 우리나라 말에 맞도록 빈 칸을 채우시오.

1 저도 학생입니다.   I am a student, _____

2 저도 학생이 아닙니다.   I am _____ a student, _____

3 그도 선생님입니다.   He is a teacher, _____

4 그녀도 선생님이 아닙니다.   She is _____ a teacher, _____

5 나도 영화를 좋아해요.   I like movies, _____

6 나도 영화를 좋아하지 않아요.   I _____ like movies, _____

7 우리 부모님도 교회 가세요.   My parents go to church, _____

8 우리 부모님도 교회 가지 않아요. ▶일반동사이므로 not만 집어넣으면 안 됩니다.

    My parents _____ go to church, _____

9 그도 나를 좋아해요.   He likes me, _____

10 그도 나를 좋아하지 않아요.   He _____ me, _____

의문문 만들기

'밥 먹었다'를 의문문으로 만들어 봅시다. '~다'를 '~니' 등으로 바꾸고 물음표를 붙여, '밥 먹었니?'로 말하면 됩니다. 그런데 영어에서는 의문문 만드는 방법이 다소 엽기적입니다. 도대체 어떻게 바꾸기에 그럴까요?

우선, 영어와 우리나라말과의 가장 큰 차이점에 대해서 설명하도록 하겠습니다. 우리나라 말에서는 주어, 동사의 개념이 있긴 하지만 영어만큼 철저하진 않습니다. 대부분 일상 언어에서는 주어가 생략된 채 쓰입니다.

그런데 영어에서는 주어·동사가 반드시 들어 있어야 직성이 풀리나 봅니다. 그래서 심지어는 주어가 누구인지 불분명할 때, 형식적인 주어(비인칭주어)를 일부러 만들기도 합니다. 거의 집착에 가깝습니다.

이렇듯 영어에서는 일단 〈주어+동사〉를 먼저 말하고 봅니다. 그 다음에 뭔가를 자꾸 붙여 주는 방식입니다.

아래 문장을 통해 영어와 우리나라 말과의 어순의 차이점을 보겠습니다.

나는 내 친구와 함께 버스를 타고 학교에 간다.

위의 문장에서 주어와 동사를 골라보세요. 그렇습니다. '나는'이 주어, '간다'가 동사입니다.

<u>나는</u> 내 친구와 함께 버스를 타고 학교에 <u>간다</u>.
주어   동사

   우리나라 말에서는, 〈주어+동사〉가 있다고 할지라도 그 중간에 여러 수식어구가 가득 들어차 있기 마련입니다. 그런데 위 문장을 영어로 표현하면,

I go to school with my friends by bus.

   이렇게 될 겁니다. 이 문장에서 주어, 동사를 한번 찾아볼까요? 네 그렇습니다.

<u>I</u> <u>go</u> to school with my friends by bus.
주어 동사

   우리나라말은 주어와 동사가 뚝 떨어져 있지만 영어에서는 주어와 동사가 붙어 있습니다. 일단 중요한 말을 먼저하고 보는 거죠. 그것이 어순의 가장 큰 차이점입니다.
   자, 다시 본론으로 돌아와서, 영어의 문장은 일단 〈주어+동사〉로 시작한다고 했습니다. 그런데 이것이 의문문이 되면 홱가닥 돌아버립니다. 〈주어+동사〉가 〈동사+주어~?〉로 바뀌는 것입니다. 정말 돌겠죠?
   요약하면, '의문문 만들기'는 **〈주어+동사〉를 〈동사+주어〉로 순서 바꾸기** 하는 것입니다. 그런데 이게 말이죠. 또 be동사 일 때와 일반동사 일 때가 다르답니다.

   be동사일 때는 그냥 바꿔주기만 하면 됩니다.

You are happy. → <u>Are you happy?</u>

   정말 쉽죠? 그런데 일반동사가 골치입니다. 어떻게 바꾸어야 할까요?

You love me. 〈주어+동사〉 순서를 바꾸는 것이므로…

35

Love you me? (×)

이러면 될까요? 노노노! 아까도 말했지만 일반동사를 건드리면 안 됩니다. 성질이 아주 더러운 놈들이죠. 그 대신 생각나나요? 일반동사를 부정문으로 만들 때를! 자신이 일반동사면서 스스로 몸을 낮추어 자신의 몸에 **not**을 붙여 부정문을 만드셨던 그 고귀한 동사를! 그렇죠, 이번에도 do동사님이 등장하십니다. 일반동사를 대신하여 do동사님께서 앞으로 나서게 됩니다.

Do you love me?

이렇게요. 짝짝짝 맞았습니다. 그렇다면 He loves me. 라는 문장을 한번 바꿔 볼까요? 눈치 빠른 학생들은 이미 회심의 미소를 짓고 있을 것입니다. **He**가 3인칭 단수니까 **do**대신 **does**, 그리고 **loves**는 원래모양(동사원형)으로…

Does he love me?

짜잔~! (이젠 도사가 다 되었네요^^)

be동사일 때 의문문 만들기

1. '의문문을 만들기'는 '〈주어+동사〉를 〈동사+주어~?〉로 바꾸기'입니다.
2. be동사일 때와 일반 동사일 때가 다릅니다.
3. be동사일 때는 〈주어+be동사~〉→〈be동사+주어~?〉 ▶대답도 be동사로 합니다.

   You are happy.
   → Are you happy? Yes, I am. / No, I'm not.

▌훈련문제▌ 12 다음을 의문문으로 바꾸고 주어진 대답을 완성하시오.

1 You are gentle.

→ _____ gentle?

Yes, _____   No, _____

2 He is an English teacher.

→ _____ an English teacher?

Yes, _____   No, _____

3 They are your friends.

→ _____ your friends?

Yes, _____   No, _____

4 Mike is very tall.

→ _____ very tall?

Yes, _____   No, _____

5 This is my dog.

→ _____ my dog?

*Yes, _____   No, _____

▶this를 인칭대명사로 바꾸어야 합니다.

6 There is lots of food.

→ _____ lots of food?

Yes, _____   No, _____

7 I am your partner.

→ _____ your partner?

Yes, _____   No, _____

8 They are diligent.

→ _____ diligent?

Yes, _____   No, _____

9 You are American.

→ _____ American?

Yes, _____   No, _____

10 He is a fire-fighter.

→ _____ a fire-fighter?

Yes, _____   No, _____

틈틈이 단어정리

- gentle 형(성격이)부드러운, 상냥한
- lots of 많은 = a lot of
- partner 명파트너, 짝
- fire-fighter 명소방관

일반동사일 때 의문문 만들기

1. 일반동사일 때는 **do/does**를 앞으로 보냅니다.
2. 〈주어+동사~〉 → 〈Do/Does+주어+동사원형~?〉

    Yes, 주어 + do/does.

    No, 주어 + don't/doesn't.

    You like me. → Do you like me?

    Yes, I do. / No, I don't.

- do one's homework ; '숙제하다' 표현

    여기서 **one's**라고 적혀 있는 것은 무조건 **one's**를 적으라는 말이 아니라 적절한 소유격을 사용하라는 의미입니다.

    가령, 내가 숙제를 하는 것이라면,

    I do **my** homework.

    그가 숙제를 하는 것이라면,

    He does **his** homework.

    라고 써야 합니다.

┃훈련문제┃ 13 다음을 의문문으로 바꾸고 주어진 대답을 완성하시오.

1   You have a brother.

    → _____ a brother?

    Yes, _____   No, _____

2   You live here.

    → _____ here?

    Yes, _____   No, _____

3   He reads your book.

    → _____ your book?

    Yes, _____   No, _____

4   They eat grass.

    → _____ grass?

    Yes, _____   No, _____

5   We play the piano well.

    → _____ the piano well?

    Yes, _____   No, _____

6 My parents love me.

→ _____ me?

Yes, _____   No, _____

7 Mr. Kim teaches English.

→ _____ English?

Yes, _____   No, _____

8 Betty does her homework.

→ _____ her homework?

Yes, _____   No, _____

9 His sister likes the movie.

→ _____ the movie?

Yes, _____   No, _____

10 She washes the dishes.

→ _____ the dishes?

Yes, _____   No, _____

11 He goes to school.

→ _____ to school?

Yes, _____   No, _____

12 He studies English everyday.

→ _____ English everyday?

Yes, _____ No, _____

13 We like him very much.

→ _____ him very much?

Yes, _____ No, _____

14 Sally has a monkey.

→ _____ a monkey?

Yes, _____ No, _____

15 Your sister likes to take a walk.

→ _____ to take a walk?

Yes, _____ No, _____

16 He helps his mother.

→ _____ his mother?

Yes, _____ No, _____

17 The flower smells good.

→ _____ good?

Yes, _____ No, _____

조동사 will/must/can

영어에서 동사는 크게 세 가지로 나누어집니다. be동사, 일반동사 그리고 조동사입니다.

조동사에서 '조(助)'라는 말은 '도와주다'라는 의미입니다. 일반동사나 be동사의 의미를 도와주는 역할을 하죠. 조동사의 종류는 생각보다 많지만 여기에서는 우선 기본적으로 많이 쓰이는 조동사 세 가지만 공부하겠습니다.

can   ~할 수 있다
will   ~할 것이다
must   ~해야 한다

조동사의 가장 큰 특징이라면, 스스로는 절대로 변하지 않는 다는 것입니다.(물론 과거형으로 변하는 몇몇 조동사들이 있기는 하지만…)

be동사와 일반동사는 주어가 무엇이냐에 따라서 약간씩 혹은 많이 변하지만, 이 조동사라는 녀석은 주어가 뭐든 변하지 않습니다. 오로지 다른 동사를 도와주는 데만 관심이 가 있죠.

그리고 무지하게 중요한 특징이 있는데, <u>조동사 뒤에는 반드시 동사원형을 써야 한다는 것입니다.</u>

can swims(x), can swimming(x), can swim(○)

또 하나의 특징은 조동사를 연달아 쓸 수 없다는 것입니다.

I will can ~ (×)

He must can ~ (×)

can, must, will, 이 세 가지 조동사를 공부할 때 아주 중요한 것은, 이 조동사를 대신해서 쓰이는 표현들이 있는데 그것을 반드시 익혀야 한다는 것입니다. 시험에 아주 자주 나오는 부분이죠.

can은 be able to와 같은 의미입니다.
will은 be going to와 비슷한 의미입니다.
must는 have to와 비슷한 의미입니다.

***be able to**나 **be going to**에 나오는 **be**는 무조건 **be**를 쓰라는 말이 아니라 알맞은 be동사를 쓰라는 의미입니다. 그러니까 **am/are/is** 중에서 주어를 보고 적절히 골라 써야합니다. 알겠죠?

조동사 기초 다지기

1. 조동사란? 다른 동사를 도와주는 동사

2. 조동사 뒤에는 반드시!! *동사원형이 와야 합니다!*   ■ went – go의 과거형

   can goes(×), can going(×), can went(×), can go(○)

3. 〈조동사+조동사〉로 쓰면 틀립니다.

   will can(×), will must(×)

4. 조동사와 비슷한 표현들

will ~할 것이다	= be going to
can ~할 수 있다	= be able to
must ~해야 한다	= have to

▶will과 be going to의 의미가 완전히 같은 것은 아닙니다. will이 다소 즉흥적인 계획에 대한 언급이라면, be going to는 이미 계획된 사실에 대한 언급입니다. 하지만 여기서는 같은 의미로 연습하겠습니다.

훈련문제 14 다음 문장을 보기와 같이 지시대로 바꾸시오.

보기 I go to see a doctor.
　　①(will을 써라)　I will go to see a doctor.
　　②(will 대신)　　I am going to go to see a doctor.

1 Tom has two cats.

①(will을 써라)_____

②(will 대신)_____

2 She is late.

①(will을 써라)_____

②(will 대신)_____

3 They do their homework.

①(must를 써라)_____

②(must 대신)_____

4 We are fifteen.

①*(will을 써라)*_____

②*(will 대신)*_____

5 It rains.

①*(will을 써라)*_____

②*(will 대신)*_____

6 He reads books quickly.

①*(can을 써라)*_____

②*(can 대신)*_____

7 You play the piano.

①*(can을 써라)*_____

②*(can 대신)*_____

8 The boy swims in the sea.

①*(can을 써라)*_____

②*(can 대신)*_____

9 They solve the problems.

①*(can을 써라)*_____

②*(can 대신)*_____

10 I get up early in the morning.

①(must를 써라)_____

②(must 대신)_____

11 You do your homework.

①(must를 써라)_____

②(must 대신)_____

12 She washes the dishes.

①(must를 써라)_____

②(must 대신)_____

13 They study hard.

①(must를 써라)_____

②(must 대신)_____

14 We help each other.

①(must를 써라)_____

②(must 대신)_____

톰톰이 단어정리

- solve 동(문제를) 풀다, 해결하다
- get up (잠자리에서)일어나다
- each other 서로 서로
- see a doctor 진찰 받다

우리는 앞에서, 문장을 부정문이나 의문문으로 만드는 법에 대해서 배웠습니다. 그리고 동사가 be동사일 때, 일반동사일 때 부정문, 의문문 만드는 방법이 다르다는 것도 배웠습니다. 그렇다면 조동사가 쓰인 문장을 바꿀 때는 어떻게 할까요?

조동사가 쓰인 문장을 부정문이나 의문문으로 만드는 방법은 be동사가 쓰인 문장을 만드는 것과 동일합니다. be동사가 쓰인 문장을 부정문이나 의문문으로 만드는 방법, 기억나세요? 절대 안 난다구요? 따라하세요. <u>부정문 만들기는 'not 집어넣기', 의문문 만들기는 '주어·동사 순서 바꾸기.'</u> 알겠죠?

You can swim.

    부정문으로? **can**뒤에다 **not** 집어넣기!

→ You can not swim.   ▶can not을 줄여서 can't

    의문문으로? **You**와 **can**의 순서 바꾸기!

→ Can you swim?   정말 쉽죠?

조동사가 쓰인 문장을 부정문, 의문문으로 만들기

1. 조동사가 쓰인 문장을 부정문으로 만드는 법!

   → 〈조동사 + not〉

   *조동사에 not을 붙였을 때의 의미에 유의하세요!

will not (won't) ~	~하지 않을 것이다
can not (can't) ~	~할 수 없다
must not ~	~해서는 안 된다

2. 조동사가 쓰인 문장을 의문문으로 만드는 법!

   → <u>조동사와 주어의 순서 바꾸기</u>

   ▶의문문이 되었을 때의 의미에 주의하세요.

Will you~ ?	~해 주겠니? ▶요청의 표현
	Will you open the door?
	*요청의 표현이 아니라 의지(~할거니?)에 대한 표현으로 쓸 때는 주로 <u>Are you going to~?</u>를 사용합니다.
Can you~ ?	▶이 때는 두 가지 의미로 이해됩니다.
	① ~할 수 있니?(가능)
	Can you ride a bike? 자전거 탈 줄 아니?
	② ~해 주겠니?(요청)
	Can you open the door? 문 좀 열어주겠니?
Must I~?	~해야 되나요?
	Must I work here? 여기서 일해야 하나요?
	▶일반적인 의문문에는 have to를 활용해서 쓰는 것이 일반적입니다.
	Do I have to work late? 늦게까지 일해야 합니까?
	Does he have to stay here? 그가 여기 있어야 되니?

■훈련문제■ **15** 다음 문장을 부정문과 의문문으로 만들어 봅시다.
▶부정문. 의문문을 만들 때 그 의미에 유의 하세요.

1 You can come here.

①(부정문)_____

②(의문문)_____

2 They can swim in the river.

①(부정문)_____

②(의문문)_____

3 He will be my husband.

①(부정문)_____

②(의문문)_____

4 You will open the door.

①(부정문)_____

②(의문문)_____
*문 좀 열어주겠니?

5 I must do the work.

①(부정문)_____
*그 일을 해서는 안 돼.

②(의문문)_____
*그 일을 해야 하나요?

6 He must go now.

① *(부정문)* _____
　　*그가 지금 가서는 안 돼.

② *(의문문)* _____
　　*그 사람 지금 가야 하나요?

틈틈이 단어정리

■ husband 명 남편

부정문, 의문문 만들기 다시 정리

*문장을 의문문이나 부정문으로 만드는 것은 이제 습관처럼 되어야 합니다. 그냥 자동으로 파바박! 거리며 나와야 됩니다. 이렇게 정리합시다.

1. 부정문으로 만든다는 건: not 집어넣기!
2. 의문문으로 만든다는 건: 〈주어+동사〉를 〈동사+주어~?〉로 만들기!
　　*be동사/조동사일 때와 일반동사일 때 그 방법이 다르다!

*be동사/조동사	• 부정문: 〈동사 + not~〉 • 의문문: 〈동사 + 주어 + 동사원형~?〉
*일반동사	• 부정문: 〈주어 + don't/doesn't + 동사원형~〉 • 의문문: 〈Do/Does + 주어 + 동사원형~?〉

위 정리를 보면 복잡한 것 같지만 실제로는 그렇지 않습니다. 예문 하나를 정해서 아예 외워두는 것이 좋습니다. 그리고 입이 닳도록 연습해야 합니다.

훈련문제 16 다음 문장을 보기와 같이 지시대로 바꾸시오.

보기   I go to see a doctor
① (will을 써라) I will go to see a doctor.
② (be going to로) I am going to go to see a doctor.
③ (①을 부정문으로) I won't go to see a doctor.
④ (②를 부정문으로) I'm not going to go to see a doctor.

---

1 Tom has two cats.

① (will을 써라) _____

② (will 대신) _____

③ (①을 부정문으로) _____

④ (②를 의문문으로) _____

2 She is late.

① (will을 써라) _____

② (will 대신) _____

③ (①을 부정문으로) _____

④ (②를 부정문으로) _____

⑤ (②를 의문문으로) _____

3 They do their homework.

①(must를 써라)_____

②(must 대신)_____

③(①을 부정문으로)_____
*그들은 숙제를 해서는 안 된다.

④(②를 부정문으로)_____
*그들은 숙제를 할 필요가 없다.

⑤(②를 의문문으로)_____
*③과④의 해석이 달라짐을 꼭 익혀두세요. 굉장히 중요!

4 We are fifteen.

①(will을 써라)_____

②(will 대신)_____

③(①을 의문문으로)_____

④(②를 의문문으로)_____

5 It rains.

①(will을 써라)_____

②(will 대신)_____

③(①을 부정문으로)_____

④(②를 부정문으로)_____

⑤*(②를 의문문으로)* _____

6 He reads books quickly.

①*(can을 써라)* _____

②*(can 대신)* _____

③*(①을 부정문으로)* _____

④*(②를 부정문으로)* _____

⑤*(①을 의문문으로)* _____

⑥*(②를 의문문으로)* _____

7 You play the piano.

①*(can을 써라)* _____

②*(can 대신)* _____

③*(①을 부정문으로)* _____

④*(②를 부정문으로)* _____

⑤*(①을 의문문으로)* _____

⑥*(②를 의문문으로)* _____

8 The boy swims in the sea.

① *(can을 써라)* _____

② *(can 대신)* _____

③ *(①을 부정문으로)* _____

④ *(②를 부정문으로)* _____

⑤ *(①을 의문문으로)* _____

⑥ *(②를 의문문으로)* _____

9 They solve the problems.

① *(can을 써라)* _____

② *(can 대신)* _____

③ *(①을 부정문으로)* _____

④ *(②를 부정문으로)* _____

⑤ *(①을 의문문으로)* _____

⑥ *(②를 의문문으로)* _____

10 I get up early in the morning.

① *(must를 써라)* _____

② *(must 대신)* _____

③ *(①을 부정문으로)* _____
　*나는 아침에 일찍 일어나서는 안 돼.

④*(②를 부정문으로)*_____
　*나는 아침에 일찍 일어날 필요가 없어.

⑤*(①을 의문문으로)*_____

⑥*(②를 의문문으로)*_____

11　You do your homework.

①*(must를 써라)*_____

②*(have to로)*_____

③*(①을 부정문으로)*_____
　*넌 숙제를 해서는 안 돼.

④*(②를 부정문으로)*_____
　*넌 숙제를 할 필요가 없어.

⑤*(②를 의문문으로)*_____

12　She washes her hands.

①*(must를 써라)*_____

②*(have to로)*_____

③*(①을 부정문으로)*_____
　*그녀는 손을 씻어서는 안 돼.

④*(②를 부정문으로)*_____
　*그녀는 손을 씻을 필요가 없어.

⑤*(②를 의문문으로)*_____

13 They study hard.

①(must를 써라)_____

②(have to로)_____

③(①을 부정문으로)_____
*그들은 열심히 공부해서는 안 돼.

④(②를 부정문으로)_____
*그들은 열심히 공부할 필요 없어.

⑤(②를 의문문으로)_____

14 We help each other.

①(must를 써라)_____

②(have to로)_____

③(①을 부정문으로)_____
*우리는 서로 도와서는 안 돼.

④(②를 부정문으로)_____
*우리는 서로 도울 필요가 없어.

⑤(②를 의문문으로)_____

틈틈이 단어정리

- solve ⓥ(문제를)풀다, 해결하다
- in the morning 아침에   *in the afternoon 오후에   *in the evening 저녁에
- get up (잠에서)일어나다

의문사로 의문문 만들기

밥 먹었어? 라고 물으면 '응/아니(yes/no)'로 대답하지만, 뭐 먹었어? 라고 물을 때에도 '응/아니'로 대답하면 바보 취급당하죠?

이럴 때는 '밥을 먹었다'든, '라면을 먹었다'든, 구체적인 대답을 해 주어야 합니다. '뭐 먹었어?'라는 의문문에는 의문사(뭐? 무어?)가 포함되어 있기 때문입니다.

이런 의문문에는 일반적으로 Yes나 No로는 대답할 수가 없으며 구체적인 내용을 말해 주어야 합니다. 이밖에 우리가 흔히 쓰는 의문사들에는 어떤 것들이 있는지 알아보겠습니다.

의문사들

1. 의문사란? Yes/No가 아닌 구체적인 내용을 물을 때 사용하는 말
2. 반드시 외워야 하는 의문사들

What	무엇?	*〈What+명사〉 무슨~?
Where	어디? 어디로? 어디에?	
When	언제?	
How	어떻게?	*〈How+형용사/부사~〉 얼마나 ~한/~하게?
Which	어느 것?	*〈Which+명사〉 어느 ~ ?
Who	누구? 누가?	
Whom	누구를?	
Whose	누구의 것?	*〈Whose+명사〉 누구의~?
Why	왜?	

• 외워서 써 봅시다.

무엇?			
무슨~?			
어디? 어디로? 어디에?			
언제?			
어떻게?			
얼마나 ~한/~하게?			
어느 것?			
어느 ~ ?			
누구? 누가?			
누구를?			
누구의 것?			
누구의~?			
왜?			

자주 사용되는 의문사 표현들.

1. what

   What do you do? 뭐 하시는 분이세요?(직업을 묻는 표현)

   = What do you do (for a living)? ▶How do you do? 처음 뵙겠습니다.

   = What is your job?

   What are you doing? 뭐 하고 있니?

   What do you think? 어떻게 생각해?(네 생각은 어때?) ▶How do you think?가 아닙니다.

   What can I do for you? 무엇을 도와드릴까요?

2. How

   How do you do? 처음 뵙겠습니다.

How are you? 어떻게 지내니? 잘 지내니?

= How is it going?

= How is everything?

How much is it? 얼마인가요?

How many brothers do you have? 형제가 몇이세요?

How old are you? 몇 살이세요?

3. Why

Why call me? 왜 불러?

▶원래는 Why do you call me?가 어법에 맞지만 일상생활에서는 이런 식으로 씁니다.

Why don't you come in? 들어오지 그래?

▶Why don't you~ ? ~하지 그러니?(권유의 표현)

4. Where

Where am I? 여기가 어디야?

Where are you from? 어디에서 오셨어요?

= Where do you come from?

5. Which

Which one? 어떤 것이야?

Which way? 어느 길이지?

훈련문제 **17** 알맞은 의문사를 넣어 봅시다.

1. 네 이름이 뭐냐?   _____ is your name?

2. Mike는 언제 일어나니?   _____ dose Mike get up?

3. 너 누구야?   _____ are you?

4. 어느 것이 네 가방이냐?   _____ is your bag?

5. 네 것이 어느 것이지?   _____ is yours?

6. 넌 언제 영어 공부하니?   _____ do you study English?

7. 그는 어디서 영어 공부하니?   _____ does he study English?

8. 너는 왜 영어를 공부하니?   _____ do you study English?

9. 네 생일이 언제야?   _____ is your birthday?

10. 어떻게 학교 가니?   _____ do you go to school?

11. 왜 늦었니?   _____ are you late?

12. 뭐 하시는 분인가요?(직업이 뭐죠?)   _____ do you do?

13. Susan은 어떻게 학교 가니?   _____ does Susan go to school?

14. 왜 민호는 지금 밖에 나가지 않지?   _____ doesn't Minho go out?

15. 어떻게 지내?(공통으로 들어갈 의문사)   ▶중요한 인사말이므로 같이 외울 것

   _____ are you ?

61

_____ is it going?

_____ is everything?

16 왜 그렇게 슬퍼?   _____ are you so sad?

17 무엇을 도와드릴까요?   _____ can I do for you?

18 무엇을 할 건가요?   _____ will you do?

19 여기가 어디야(내가 어디에 있는 거지)?   _____ am I?

위의 문제를 다 풀었다면 다시 한 번 훑어봅시다. 의문사 바로 뒤의 문장 순서가 어떻게 되어 있는지를 유심히 살펴보시기 바랍니다.
〈의문사+동사+주어!〉

의문사 의문문의 어순

1. be 동사일 때 : 〈의문사+be동사+주어~ ?〉

   How are you?

2. 조동사일 때 : 〈의문사+조동사+주어+동사원형~?〉

   What can I do for you?

3. 일반동사일 때 : 〈의문사+do/does+주어+동사원형~ ?〉

   Where does he live?

▶ 복잡한 것 같지만 입으로 여러 번 소리 내서 연습하도록 합시다. 법칙이 중요한 것이 아니라 입에서 버릇처럼 나와야 합니다.

훈련문제 18 이제부터는 의문사와 함께 그 뒤에 이어질 동사까지 써 봅시다.

▶be동사 일 수도 있고, 일반동사일 경우는 do/does일 수도 있죠. 앞에서 배웠던 것을 생각하며 차근 차근 풀어 봅시다.

1 네 이름이 뭐냐? _____ your name?

2 Mike는 언제 일어나니? _____ Mike get up?

3 너 누구야? _____ you?

4 어느 것이 네 가방이냐? _____ your bag?

5 네 것이 어느 것이지? _____ yours?

6 넌 언제 영어 공부하니? _____ you study English?

7 그는 어디서 영어 공부하니? _____ he study English?

8 너는 왜 영어를 공부하니? _____ you study English?

9 네 생일이 언제야? _____ your birthday?

10 어떻게 학교 가니? _____ you go to school?

11 왜 늦었니? _____ you late?

12 뭐 하시는 분인가요?(직업이 뭐죠?) _____ you do?

13 Susan은 어떻게 학교 가니? _____ Susan go to school?

14 왜 민호는 지금 밖에 나가지 않지? _____ Minho go out?

15 어떻게 지내?   _____ you ?

   _____ it going?

   _____ everything?

16 왜 그렇게 슬퍼?   _____ you so sad?

17 무엇을 도와드릴까요?   _____ I do for you?

18 무엇을 할 건가요?   _____ you do?

19 여기가 어디야(내가 어디에 있는 거지)?   _____ I ?

그렇다고 해서 반드시 〈의문사+동사+주어~?〉형태가 되어야 하는 것은 아닙니다. '누가 너를 사랑해?'라는 문장이 있다고 합시다.

Who loves you?

여기서 〈의문사 + 동사 + (주어가 아니라)목적어?〉 형태가 되었군요. 왜 그럴까요? **Who**가 바로 의문사이면서 동시에 주어이기 때문입니다. 이런 식으로 주어이면서 동시에 의문사로써 쓰일 수 있는 의문사로는 **Who**(누가~?), **What**(무엇이~?), **Which**(어느 것이~?) 등이 있습니다.

▶이 부분이 어려우면 건너뛰고 뒷부분을 공부한 후 다시 돌아와서 공부하세요. 〈문법훈련수기초?〉편을 공부할 때 다시 나옵니다.

주어 역할을 하는 의문사들

1. 주어 역할을 하는 의문사

   Who 누가~?

   What 무엇이~?

   Which 어느 것이~?

2. 어순 〈의문사+동사+(목적어)~?〉

   Who lives here? 누가 여기 살지?

   Who broke the vase? 누가 꽃병을 깼지?

3. 주어역할을 하는 의문사들은 '3인칭단수'로 취급됩니다.

   What make**s** you angry? 무엇이 너를 화나게 만드는 거야?

   = Why are you angry?

   Which **is** better? 어느 것이 더 좋지?

   틈틈이 단어정리
   - better ⑱ 더 좋은
   - broke ⑧ break(깨뜨리다, 부수다)의 과거형태

훈련문제 **19** 빈 칸에 알맞은 단어를 써 봅시다.

1   누가 축구를 제일 잘하지?   _____ plays soccer best?

2   누가 나를 사랑할까?   _____ loves me?

3   무엇이 너를 괴롭혀?   _____ bothers you?

4   어느 것이 더 빠르게 움직이지?   _____ moves more quickly?

5   무엇이 너를 슬프게 해?   _____ makes you so sad?

    = 왜 넌 그렇게 슬픈 거니?   _____ are you so sad?

6   무엇이 너를 여기에 오게 했니?   _____ brings you here?

    = 왜 왔어?   _____ are you here?

틈틈이 단어정리

- play soccer 축구하다
- bother 괴롭히다, 성가시게하다
- bring 가져오다, 데려오다
- more quickly 더 빨리

또한 how 뒤에는 부사가 와서 '얼마나~하게'라고 해석이 되거나, 형용사가 와서 '얼마나 ~한'이라고 해석이 됩니다. 아주 많이 쓰이는 표현이므로 연습을 많이 해야 합니다.

〈How+형용사/부사〉형태의 의문문

1. 〈How+형용사/부사〉 얼마나 ~한/~하게

    How old~ : 얼마나 나이가 든~?(나이를 묻는 표현) How old are you?

    How tall~ : 얼마나 키가 큰~?(키를 묻는 표현) How tall is he?

    How long~ : 얼마나 긴~?(길이를 묻는 표현) How long is it?

    How fast~ : 얼마나 빨리(빠른)~ ? How fast is it?

    How deep~ : 얼마나 깊이(깊은)~ ? How deep is here?

    How soon~ : 얼마나 빠른 시일 안에~ ? How soon will he come back?

2. 〈How+many/much+명사〉 얼마나 많은 ~

    How many apples~ : 얼마나 많은 사과를~? How many apples do you have?

    How much milk~ : 얼마나 많은 우유를~? How much milk does she need?

    How many brothers~ : 얼마나 많은 형제들을~? How many brothers do you have?

    How much time~ : 얼마나 많은 시간을~? How much time do we have?

    How many times~ : 얼마나 자주~? How many times do you visit here?

    = How often~

▶ much는 셀 수 없는 명사에, many는 셀 수 있는 명사에 씁니다. 〈명사〉단원에서 더욱 자세히 공부할 수 있습니다.

훈련문제 20 우리나라 말에 맞게 빈칸을 채우시오.

1 나이가 몇 살이죠? _____ are you?

2 얼마나 길죠? _____ is it?

3 그 자동차는 얼마나 빠르나요? _____ is the car?

4 얼마나 자주 여기 오나요? _____ do you come here?

5 얼마나 많은 사과가 있나요? _____ apples are there?

6 얼마나 많은 우유가 있나요? _____ milk do you have?

7 여긴 얼마나 깊죠? _____ is here?

8 그 사람 키가 얼마나 크죠? _____ is he?

9 시간이 얼마나 있죠? _____ time do you have?

10 형제가 얼마나 있죠? _____ brothers do you have?

11 얼마나 오래 걸리나요? _____ does it take?

12 그는 하루에 얼마나 많은 우유를 마시니?

_____ much milk _____ he drink in a day?

13 그것은 얼마나 빨리 달리지? _____ does it run?

14 그는 얼마나 오래 살까요? _____ is he going to live?

15 얼마나 자주 교회 가니?   _____ do you go to church?

   = _____ times do you go to church?

16 그들은 얼마나 빠른 시일 안에 돌아올까요?

   _____ will they come back?

틈틈이 단어정리
- be going to~ ~할 것이다
- in a day 하루에
- come back 돌아오다
- go to church 교회가다

의문사+명사

*What, Which, Whose 등의 의문사 뒤에는 명사가 올 수 있습니다.

What kind(s) of~ : 무슨 종류의~?   What kind of food do you like?

What color~ : 무슨 색깔~?   What color is it?

Which one~ : 어느 것~?   Which one will you choose?

Which door~ : 어느 문~?   Which door is open?

Whose book~ : 누구의 책~?   Whose book do you read?

훈련문제 **21** 빈 칸에 알맞은 단어를 써 봅시다.

1   이건 누구의 책이지?   _____ is this?

2   어느 게임을 원하니?   _____ game do you want?

3   무슨 색깔을 좋아하니?   _____ color do you like?

4   몇 시입니까?   _____ is it?

5   무슨 요일입니까? *(day)*   _____ is it?

6   며칠 입니까? *(date)*   _____ is it?

   = _____'s the date?

7   저것은 누구의 우산입니까?   _____ umbrella is that?

8   어느 것을 원해?   _____ do you want?

9   무슨 종류의 운동을 좋아해? *(kind)*   _____ of sport do you like?

10 어느 방으로 들어가야 하지?   _____ do I have to enter?

11 무슨 색으로 할까?   _____ do you want?

틈틈이 단어정리

- enter ⊕ ~를 들어가다
- have to ~해야 하다
- umbrella ⑲ 우산

현재진행형

나중에 더욱 자세히 배우겠지만, 모든 언어에는 '시제'라는 것이 있습니다.

시제란 어떤 일이 벌어진 '때'를 말합니다. 과거, 현재, 미래가 그 기본적인 것들입니다. 과거는 '~했다'(과거의 동작이나 상태), 현재는 '~한다'(현재의 규칙적이거나 불규칙적인 상태나 조건), 미래는 '~할 것이다'(미래에 이루어질 동작이나 상태)로 이해될 수 있습니다. 그렇다면 '현재진행형'이라는 시제는 도대체 무엇일까요? '현재시제'와는 무엇이 다를까요?

현재진행형은 지금 말하고 있는 순간에 일어나고 있는 일에 대해 묘사하는 것을 말합니다.(물론 예외는 있습니다.) 예를 들어,

'나 해리 포터 읽어'   I read Harry Potter.

라고 말한다면 이것은 현재진행형이 아닙니다. 지금 읽고 있는 것이 아니라 요즘 틈틈이 읽는다는 말입니다. 그런데 그 책을 펴 놓고서 읽고 있다면 이렇게 말해야 합니다.

'나 해리 포터 읽어(읽고 있어)'   I am reading Harry Potter.

이렇게 말한다면 바로 현재진행형이죠. 비록 우리나라 말에는 차이가 없지만 영어에서는 다르게 써야 합니다.

우선, 현재진행형 만드는 방법을 알아야하겠습니다. 방법은 간단합니다. 아래와 같이 만듭니다.

⟨be + 동사원형 ing⟩

동사원형에 **ing**를 붙이는 방법부터 연습해보겠습니다.

현재진행형의 형태, 동사원형에 ing 붙이기

1. 현재진행형의 형태

    ⟨be + 동사원형ing⟩ ~하고 있는 중이다, ~하고 있다.

2. 동사원형에 ing붙이는 방법   ▶대부분은 그냥 붙이면 됩니다!!

    ① **e**로 끝나는 동사는 **e**를 빼고 **ing**를 붙입니다.

    take → tak<u>ing</u>   come → com<u>ing</u>

    ② ⟨모음(발음)하나+자음(발음)하나⟩로 끝나는 동사의 경우에는 자음을 하나 더 써주고 **ing**를 붙입니다.

    sit → sit<u>ting</u>   run → run<u>ning</u>

    ※ fix/fiks/ → fix<u>ing</u> ▶이 경우는 x에 두 개의 자음발음(k,s)이 있으므로 자음을 하나 더 써주지 않습니다.

    ③ **ie**로 끝나는 동사는 **ie**를 **y**로 고치고 **ing**를 붙입니다.

    die → d<u>ying</u> 죽다   lie → l<u>ying</u> 거짓말하다

┃훈련문제┃ 22 다음 동사에 ing을 붙이시오.

1. come 오다 → _____

2. stay 머무르다 → _____

3. touch 만지다 → _____

4. get 얻다, 움직이다 → _____

5. cry 울다 → _____

6. hold 붙잡다 → _____

7. buy 사다 → _____

8. teach 가르치다 → _____

9. do ~하다 → _____

10. lie 거짓말하다, 눕다 → _____

11. fix 고치다, 고정하다 → _____

12. wash 씻다 → _____

13. study 공부하다 → _____

14. have 가지다 → _____

15. pass 건네주다 → _____

16. watch 보다 → _____

현재진행형 문장을 의문문, 부정문으로 만들기

1. 의문문 〈Be+주어+동사원형ing~?〉
2. 부정문 〈주어+be+not+동사원형ing〉

   ▶be동사가 쓰인 문장을 만드는 방법과 똑같습니다. 왜냐구요? 문장에 be동사가 있잖아요!

   He is working in the room.

   ① 의문문 : Is he working in the room?

   　　　　　Yes, he is. / No, he isn't.

   ② 부정문 : He isn't working in the room.

훈련문제 **23** 다음을 현재진행형으로 고친 후 다시 지시대로 바꾸시오.

1   I listen to the radio.

   ①(현재진행형)_____

   ②(부정문으로)_____

2   We watch the baseball game.

   ①(현재진행형)_____

   ②(부정문으로)_____

3   He cleans his room.

   ①(현재진행형)_____

   ②(의문문으로)_____

4 They cook food.

①*(현재진행형)* _____

②*(의문문으로)* _____

5 She lies.

①*(현재진행형)* _____

②*(부정문으로)* _____

6 My father makes a chair for me.

①*(현재진행형)* _____

②*(의문문으로)* _____

7 My mother takes a walk.

①*(현재진행형)* _____

②*(부정문으로)* _____

8 It rains.

①*(현재진행형)* _____

②*(부정문으로)* _____

③*(의문문으로)* _____

9 You do your homework.

①(현재진행형)＿＿＿＿＿＿＿＿＿＿＿＿＿＿＿＿＿＿＿＿＿＿

②(부정문으로)＿＿＿＿＿＿＿＿＿＿＿＿＿＿＿＿＿＿＿＿＿＿

③(의문문으로)＿＿＿＿＿＿＿＿＿＿＿＿＿＿＿＿＿＿＿＿＿＿

10 I study math.

①(현재진행형)＿＿＿＿＿＿＿＿＿＿＿＿＿＿＿＿＿＿＿＿＿＿

②(부정문으로)＿＿＿＿＿＿＿＿＿＿＿＿＿＿＿＿＿＿＿＿＿＿

11 My children swim in the pool.

①(현재진행형)＿＿＿＿＿＿＿＿＿＿＿＿＿＿＿＿＿＿＿＿＿＿

②(의문문으로)＿＿＿＿＿＿＿＿＿＿＿＿＿＿＿＿＿＿＿＿＿＿

틈틈이 단어정리

- listen to~ ~을 듣다, 경청하다
- lie ⑤거짓말하다
- take a walk 산책하다
- children ⑲아이들, child의 복수

의문사+현재진행형

의문사가 들어있는 현재진행형 문장:

〈의문사 + be + 주어 + 동사원형ing~?〉

What are you doing? 뭐하고 있니?

■훈련문제■ **24** 우리나라 말에 맞게 빈칸을 채우시오. ▶의문사는 외우고 있어야 풀 수 있습니다.

1   무엇을 읽고 있니?*(you are reading)*

_____

2   그는 어디서 공부하고 있니?*(he is studying)*

_____

3   그들은 무엇에 대해서 이야기하고 있니?*(they are talking about)*

_____

4   그 소녀는 왜 울고 있는 거지?*(the girl is crying)*

_____

5   누가 정원에서 일하고 있는 거지?*(is working in the garden)*

_____

*이 문장에서는 의문사가 주어입니다.

6   넌 누구와 이야기하고 있는 거지?*(you are talking with)*

_____

7   그들은 어디로 가고 있니?*(they are going)*

_____

8   Harry는 무엇을 하고 있니?*(Harry is doing)*

_____

■talk about~ ~에 대해 이야기하다   *talk with~ ~와 이야기하다

과거로 말하자

우리나라 말을 사용해 과거시제로 말하기 위해서는 동사의 기본형을 '~했다'로 바꾸어서 말하면 되지만, 영어에서는 약간 복잡합니다.

규칙변화가 있고 불규칙 변화가 있고, 어쩌고저쩌고… 머리가 복잡해집니다. 단순하게 나갑시다. 동사 뒤에 ~ed가 붙어서 과거가 되는 것이 있고, 지 마음대로 변하는 것이 있는데요, 그냥 동사가 나올 때마다 하나씩 외웁시다. 가장 많이 쓰는 동사부터 차근차근 외웁시다. 이 동사가 규칙동사든, 불규칙동사든 상관하지 말고 외웁시다. 그렇게 꾸준히 외우다 보면 어떤 규칙들이 자연스럽게 느껴질 것입니다.

동사의 과거 형태

1. 과거로 말하기 위해서는 동사의 과거형을 알아야 합니다.
2. 동사의 과거형은 '규칙적으로 변하는 것'과 '불규칙적으로 변하는 것'들이 있습니다.
   ① 규칙변화 동사들은 뒤에 **ed**가 붙습니다.
   ② 불규칙변화 동사들은 '마음대로' 변합니다.
3. 규칙변화(**ed** 붙이는 법)
   ① 대부분의 동사들에는 그냥 붙이면 됩니다.
   ② **e**로 끝나는 동사들은 그냥 **d**만 붙입니다.

   like → like<u>d</u>   love → love<u>d</u>

   ③ 〈~자음+y〉로 끝나는 동사들은 〈~자음+ied〉로 만듭니다.

study → studied   cry → cried

▶그렇다고 해서 모든 y를 i 로 바꾸지는 않습니다. 〈모음+y〉일 때는 그냥 'ed'를 붙이면 됩니다.

stay → stayed   play → played

④ 〈모음하나+자음하나〉로 끝나는 동사들은 자음하나를 더 써줍니다.

stop → stopped   pet → petted

■훈련문제■ **25** 다음 단어의 과거형을 써봅시다.

1	like	_____	2	love	_____
3	study	_____	4	cry	_____
5	stay	_____	6	play	_____
7	stop	_____	8	pet	_____
9	live	_____	10	work	_____
11	try	_____	12	wait	_____
13	invite	_____	14	look	_____
15	close	_____	16	solve	_____
17	watch	_____	18	need	_____
19	believe	_____	20	hug	_____

톰톰이 단어정리

- invite ⑧초대하다
- solve ⑧(문제를)풀다. 해결하다
- believe ⑧믿다

불규칙한 과거 형태

am	→ was			
are	→ were			
is	→ was			
do ~하다	→ did			
have 가지고 있다	→ had			
go 가다	→ went			
begin 시작하다	→ began			
bring 가지고 오다	→ brought			
buy 사다	→ bought			
catch 잡다	→ caught			
come 오다	→ came			
drink 마시다	→ drank			
eat 먹다	→ ate			
fight 싸우다	→ fought			
find 발견하다	→ found			
fly 날다	→ flew			
get 얻다	→ got			
give 주다	→ gave			
know 알다	→ knew			

make 만들다	→ made			
meet 만나다	→ met			
run 달리다	→ ran			
say 말하다	→ said			
see 보다	→ saw			
sing 노래하다	→ sang			
take 가지다	→ took			
swim 수영하다	→ swam			
teach 가르치다	→ taught			
tell 말하다	→ told			
think 생각하다	→ thought			
win 떠내다, 승리하다	→ won			
write 쓰다	→ wrote			
put 놓다, 두다	→ put			
cut 자르다	→ cut			
hit 치다, 때리다	→ hit			
read 읽다	→ read			
hurt 상처를 입히다	→ hurt			
sit 앉다	→ sat			

▶우리 생활에서 흔히 많이 쓰이는 동사들이 모두 불규칙이죠? 반드시 외워야 합니다.

• 외워서 써 봅시다!(외울 때까지 반복합시다)

am	→			
are	→			
is	→			
do~	→			
have	→			
go	→			
begin	→			
bring	→			
buy	→			
catch	→			
come	→			
drink	→			
eat	→			
fight	→			
find	→			
fly	→			
get	→			
give	→			
know	→			

make →			
meet →			
run →			
say →			
see →			
sing →			
take →			
swim →			
teach →			
tell →			
think →			
win →			
write →			
put →			
cut →			
hit →			
read →			
hurt →			
sit →			

자, 이제 동사의 과거형에 대해서 배웠으니 과거로 된 문장을 만들 수 있어야겠죠?

I study English. 나는 영어 공부한다.

이 문장을 과거로 만들어 봅시다. study의 과거형이 뭐더라? 흠, 규칙 변화일까 불규칙 변화일까? 규칙변화군. 그럼 **ed**를 붙여야겠네. 이런! 동사가 **y**로 끝나잖아. 앞에 자음인지 모음인지 봐야겠군. 자음이군. 그러면 **y**를 **i**로 고쳐서 **studied**라고 해야겠네… -.-;;

자, 이런 식으로 문장을 만들면… 한마디 하는데 하루 종일 걸리겠네요. 그렇죠? **study**가 규칙변화인지 불규칙변화인지 구분할 필요도 없이,

study → studied

이렇게 파바박! 거리며 나와야 합니다. 그러기 위해서는 입이 닳도록 읽어 보고 손이 닳도록 써봐야 합니다.

I studied English. 나는 영어 공부했다.

자 그러면, 이 문장을 부정문으로 바꿔 볼까요?
일단, **I study English.**를 부정문으로 바꾸는 것은 알겠죠?

I don't study English.

그러면 과거일 때는 어쩌지?

I don't studied English. (땡!)

이건 아닌 것 같죠? **don't**를 바꿔보세요. **didn't**로! (do의 과거는 **did**이므로)

I didn't study English. (딩동댕!)

자 이젠 의문문으로 바꿔 봅시다. **I study English.**를 의문문으로 바꾸면 **Do I study English?** 니까… Do 대신에… 그렇죠! **Did**를 쓰면 되겠군요.

Did I study English? 내가 영어 공부 했었나?

자 이번엔 다른 문장으로 연습해봅시다.

He eats lunch. 그는 점심 먹는다.

과거로! He ate lunch. 그는 점심 먹었다.

부정문으로! He didn't eat lunch. 그는 점심 먹지 않았다.

의문문으로! Did he eat lunch? 그는 점심 먹었나?

앗! 그러고 보니 과거일 때는, 주어가 3인칭 단수일 때도 무조건 **did**군요. 현재일 때보다 오히려 더 쉽죠?

과거의 부정문, 의문문 만들기

1. 과거의 부정문 만들기
   ① be동사 일 때는 be동사 뒤에 not!

   I was not a student. 나는 학생이 아니었어.

   ② 일반동사 일 때는 동사 앞에 didn't!

   I didn't go home. 나는 집에 가지 않았어.

2. 과거의 의문문 만들기
   ① be동사일 때는 〈주어+동사〉 순서 바꾸기!

   Were you a student? Yes, I was. / No, I wasn't.

   ② 일반동사일 때는 맨 앞에 **Did**!

   Did you go home yesterday? Yes, I did. / No, I didn't.

훈련문제 26 다음 문장을 지시대로 바꾸시오.

1   You are happy.

   ①*(과거로)*_____

   ②*(①을 의문문으로)*_____

      Yes,_____   No,_____

   ③*(①을 부정문으로)*_____

2   He is an English teacher.

   ①*(과거로)*_____

   ②*(①을 의문문으로)*_____

      Yes,_____   No,_____

   ③*(①을 부정문으로)*_____

3   Susan is in the room.

   ①*(과거로)*_____

   ②*(①을 의문문으로)*_____

      Yes,_____   No,_____

   ③*(①을 부정문으로)*_____

4 There is lots of food.

①(과거로)_____

②(①을 의문문으로)_____

　　Yes,_____　No,_____

③(①을 부정문으로)_____

5 You like me.

①(과거로)_____

②(①을 의문문으로)_____

　　Yes,_____　No,_____

③(①을 부정문으로)_____

6 He reads your book.

①(과거로)_____

②(①을 의문문으로)_____

　　Yes,_____　No,_____

③(①을 부정문으로)_____

7 Mr. Kim teaches English.

①*(과거로)*_____

②*(①을 의문문으로)*_____

　　Yes,_____　No,_____

③*(①을 부정문으로)*_____

8 Betty does her homework.

①*(과거로)*_____

②*(①을 의문문으로)*_____

　　Yes,_____　No,_____

③*(①을 부정문으로)*_____

9 He studies English.

①*(과거로)*_____

②*(①을 의문문으로)*_____

　　Yes,_____　No,_____

③*(①을 부정문으로)*_____

10 Sally has a dog.

①*(과거로)* _____

②*(①을 의문문으로)* _____

　Yes, _____　No, _____

③*(①을 부정문으로)* _____

11 We win the game.

①*(과거로)* _____

②*(①을 의문문으로)* _____

　Yes, _____　No, _____

③*(①을 부정문으로)* _____

12 Your sister cries in the room.

①*(과거로)* _____

②*(①을 의문문으로)* _____

　Yes, _____　No, _____

③*(①을 부정문으로)* _____

13 You bring my umbrella.

①*(과거로)*_____

②*(①을 의문문으로)*_____

　Yes,_____　No,_____

③*(①을 부정문으로)*_____

14 He makes a big pie.

①*(과거로)*_____

②*(①을 의문문으로)*_____

　Yes,_____　No,_____

③*(①을 부정문으로)*_____

15 He is reading a book.

①*(과거로)*_____
　*현재진행형을 과거로 바꾸면 당연히 '과거진행형'이 됩니다.

②*(①을 의문문으로)*_____

　Yes,_____　No,_____

③*(①을 부정문으로)*_____

16 You are jogging on the ground.

①*(과거로)*_____

②*(①을 의문문으로)* _____

　　Yes, _____ No, _____

③*(①을 부정문으로)* _____

17 They are playing the piano.

①*(과거로)* _____

②*(①을 의문문으로)* _____

　　Yes, _____ No, _____

③*(①을부정문으로)* _____

부정의문문

부정의문문은 부정문 형태의 의문문을 말합니다. 우리나라 말에도 똑같은 것들이 있습니다.

날 사랑하지 않는 거니?(흑흑)

정말 이 심각한 질문에 대한 대답은 어떻게 할까요? 사랑하는 거라면,

아니, 사랑해

사랑하지 않는 거라면,

그래, 사랑하지 않아

우리나라 사람이라면 이렇게 대답할 겁니다. 자 이 대화를 영어로 표현해 봅시다.

Don't you love me? 자, 대답을 해 봅시다.

사랑하는 거라면 Yes, I do.(아니, 사랑해.)
사랑하지 않는 거라면 No, I don't.(그래, 사랑하지 않아.)

Yes와 No의 대답이 우리나라 말과 정반대입니다. 왜 이런 현상이 일어나는 것일까요? 묻고 대답하는 과정에서 영어와 우리나라 말에서의 집중하는 부분이 다르기 때문입니다. 우리나라 말에서는 질문의 내용에 집중합니다. '나를 사랑하지 않는 거니?'라는 질문에 집중하여 대답을 합니다. 그래서 사랑하지 않는 거면 '그렇다'라고, 사랑하는 거라면 '아니다'라고 말합니다. 그런데 영어에서는 질문에 집중하는 것이 아니라 대답에 집중을 합니다. 'Don't you love me?' 라고 묻긴 했지만, 대답은 자기중심적으로 해버립니다.

<u>그래서 내가 사랑한다면(긍정이므로) 'Yes'라고 대답을 하고,</u>
<u>사랑하지 않는다면(부정이므로) 'No'로 대답을 합니다.</u>
이것 또한 Yes나 No의 느낌이 대단히 중요합니다. 충분히 연습하도록 합시다.

부정의문문에 대답하기

1. **부정의문문**: 부정문의 형태로 된 의문문
2. **대답할 때**: 의문문의 의미에 중심을 두지 말고 자기중심으로 대답하라!

   Didn't you have lunch? 점심 안 먹었지?

   *아니, 먹었어. → Yes, I did.

   *응, 안 먹었어. → No, I didn't.

▌훈련문제▐ 27 다음 질문에 대답하시오.

1 Isn't that true? 그거 사실이 아니니?

①(아니, 사실인데.)_____

②(응, 사실이 아니야.)_____

2 Aren't you hungry? 배고프지 않니?

　①(배고파.) _____

　②(배고프지 않아.) _____

3 Doesn't he love her? 그 사람 그녀를 사랑하지 않는 거니?

　①(아니, 사랑해.) _____

　②(응, 사랑하지 않아.) _____

4 Weren't you here last night? 어젯밤에 여기 있지 않았지?

　①(아니, 있었어.) _____

　②(응, 있지 않았어.) _____

5 Couldn't you go to school? 학교를 갈 수 없었던 거지?

　①(갈 수 있었으면) _____

　②(갈 수 없었으면) _____

6 Don't you think of me? 나에 대해서는 생각하지 않는 거죠?

　①(생각하면) _____

　②(생각하지 않으면) _____

틈틈이 단어정리

- could ③can의 과거형. ~할 수 있었다
- think of~ ~에 대해 생각하다

명사

명사란 사물의 이름을 나타냅니다. 우리 주위에 있는 그 모든 것들은 이름을 가지고 있죠. 그러니 이 세상은 명사로 가득 차 있다고도 할 수 있습니다.

각종 문법서를 보면 명사를 크게 다섯 가지로 나누어 놓고 있습니다. 보통명사, 물질명사, 추상명사, 고유명사, 집합명사 들이 그것입니다. 머리 아프죠? 이제 저 다섯 가지 명사들을 그대로 휴지에 싸서 쓰레기통에 신나게 처넣어 봅시다. 속 시원하죠? 영어를 쓰는 평생 동안, 저 다섯 가지를 분류하면서 영어를 공부할 필요는 전혀 없을 것입니다. 믿으세요!

하지만! 영어에서 명사를 공부하고, 쓸 때 꼭! 반드시! 절대! 구분해 줘야 할 것이 있습니다. 바로 **셀 수 있는 것**과 **셀 수 없는 것**입니다. 이 셀 수 있는 것과 셀 수 없는 것의 개념은 우리나라와 크게 다르지는 않습니다만 몇 가지는 조심해야 할 부분이 있습니다.

셀 수 있는 명사와 셀 수 없는 명사

1. 셀 수 있는 명사

    ① '한 개, 두 개, …' 셀 수 있는 명사

    ② 세어서 의미가 있고, 세기에 편한 명사들

    　　a pencil, a person, an apple, a desk, a book, a chair, a hat …

2. 셀 수 없는 명사

　① '한 개, 두 개, …' 식으로 셀 수가 없는 명사

　② 세는 의미가 없고, 세기에도 적당하지 않은 명사들

　③ 눈에 보이지 않는 것들, 추상적인 것들

- **셀 수 없는 명사 정리**

　① 액체인 것들 : water, milk, juice …

　② 가루로 된 것들 : sugar, salt, flour …

　③ 재료의 의미로 쓰이는 것들 : stone, paper, glass, gold, wood …

　④ 전체적으로 총칭하거나 덩어리째로 부르는 것들 :
　　　cheese, bread, money, furniture …

　⑤ 눈에 보이지 않는 추상적인 의미 중 일부 : work 일, love, time 시간 …

---

　money(돈)를 셀 수 없다고 하면 애들이 난리가 납니다. 아니! 돈을 못 세다니요? 하면서 거품을 뭅니다. 그러면 근엄한 표정으로 이렇게 설명해 주죠. '너희 들이 세는 것은 돈이 아니다. 단지 돈의 가치를 담고 있는 지폐(bills)나 동전(coins)을 세는 것일 뿐이다'라고요.

　마치 물은 셀 수 없지만 물을 담고 있는 컵은 셀 수 있는 것처럼 말이죠.

▌훈련문제▐ **28** 다음 단어를 보고, '주로' 셀 수 없는 명사에는 <u>U</u>를, 셀 수 있는 명사에는 <u>C</u>를 쓰시오.

1 flower	**2** puppy	**3** ice	**4** sand
5 wine	**6** head	**7** hair	**8** money
9 coin	**10** flour	**11** gold	**12** eye

명사를 '셀 수 있는 것'과 '셀 수 없는 것'으로 구분해야 하는 이유는, 그 명사가 문장 속에서 쓰일 때, 그 형태와 쓰임새가 확연히 구별이 되기 때문입니다. 예를 들어, '책'이라는 명사가 있다고 합시다. '책'은 명사입니다. '책'은 한 권, 두 권 셀 수 있습니다. 즉, '셀 수 있는 명사'입니다.

　그러면 영어로 써 볼까요? **book!** 네 이렇게 쓰면 틀린 겁니다. 예? 뭐라고요? b, o, o, k 철자 맞는데요? 철자를 말하는 것이 아닙니다. 셀 수 있는 명사를 이렇게 함부로 쓰면 큰일 납니다. 무슨 말이냐구요? '책'처럼 셀 수 있는 명사의 경우, 하나가 있는지 여러 개가 있는지를 반드시 표시해 줘야 한다는 말입니다. 즉, 한 권 있을 때는 **a book**, 여러 권 있을 때는 **books**라고 써 줘야 한다는 말입니다. 알겠죠? 셀 수 있는 명사를 함부로 명사만 덩그러니 써 주면 큰일 납니다. dog도 틀렸죠? **a dog** 아니면 **dogs**입니다.(물론 **the dog, my dog, this dog** … 등 이렇게 붙을 수 있는 것이 많습니다만, 이건 다음에 공부하도록 하겠습니다.)

　이번에는 물이 있습니다. 물은 명사입니다. 물은 하나, 둘로 셀 수 있을까요? 네, 셀 수가 없습니다. 컵에 담아서 세면되잖아요! 네, 꼭 이렇게 말하는 학생들이 있습니다. 그건 다음에 공부를 하겠습니다. 일단 물은 특별한 도구가 없으면 셀 수가 없습니다. 셀 수 없는 명사죠. 영어로 써 볼까요?

water

　네, 맞습니다. 틀린 것이 아닙니다. 일반적으로 셀 수 없는 명사는 그냥 써도 됩니다. 하나인지 여러 개인지의 개념이 아예 없기 때문에 **a water, waters**로 쓰면 일반적으로 틀린 겁니다.(어떤 경우에는 붙기도 합니다.)

*셀 수 있는 명사 : dog(×), a dog(○), dogs(○)
*셀 수 없는 명사 : water(○), a water(×), waters(×)

　우선 셀 수 있는 명사들의 다양한 복수 형태를 알아보겠습니다.

명사의 복수 형태

1. 대부분의 명사에 **s**를 붙입니다.

2. 명사에 **s** 붙이는 법! ▶대부분 그냥 붙이면 됩니다. 다만, 다음의 특수한 경우에는 주의를!

   ① **s, o, x, sh, ch**로 끝날 때는 **es**를 붙입니다.

   dish → dish<u>es</u>   bench → bench<u>es</u>   *예외: piano → pianos

   ② 〈~자음+y〉로 끝날 때는 **y**를 **i**로 고치고 **es**를 붙입니다.

   city → cit<u>ies</u>   baby → bab<u>ies</u>

   ③ **f, fe**로 끝날 때는 **ves**를 붙입니다.

   knife → kni<u>ves</u>   wife → wi<u>ves</u>   *예외: roof → roofs

3. 불규칙적으로 변하는 명사들(*반드시 외워야 합니다!)

a man 남자, 사람 → men			
a woman 여자 → women			
a child 아이 → children			
a foot 발(足) → feet			
a tooth 이(齒) → teeth			
a goose 거위 → geese			
a mouse 쥐 → mice			
this 이것 → these			
that 저것 → those			

4. 단수/복수 형태가 똑같은 명사들

   deer 사슴,   sheep 양,   fish 물고기,   Chinese 중국인,   Japanese 일본인

5. 명사 자체가 복수인 명사

   people 사람들 = persons

   The people <u>is</u> safe.(×) The people <u>are</u> safe.(○)

훈련문제 29 다음 명사들의 복수형을 쓰시오.

1. a pencil → _____
2. a bus → _____
3. a son → _____
4. a sister → _____
5. a knife → _____
6. a wife → _____
7. a child → _____
8. a man → _____
9. a woman → _____
10. a toy → _____
11. a sheep → _____
12. a fish → _____
13. a bench → _____
14. an eye → _____
15. this shoe → _____
16. that book → _____
17. a leaf → _____
18. a foot → _____
19. a piano → _____
20. a dish → _____
21. a lady → _____
22. a baby → _____
23. a roof → _____
24. a Japanese → _____

이렇다보니 우리나라 말에서는 신경 쓰지 않아도 되는 부분까지 신경 써야 합니다. 예를 들어 '많은~', '약간의 ~'같은 수식어를 붙일 때 그렇습니다.

우리나라 말에서는 셀 수 있는 명사든, 셀 수 없는 명사든 그냥 '많은 책' 혹은 '많은 물' 등, 구분 없이 쓰면 되지만, 영어에서는 셀 수 있는 명사, 셀 수 없는 명사에 따라서 다르게 써야 한다는 것입니다.

우선, '많은~'이라는 형용사부터 보겠습니다. 셀 수 있는 명사 앞에는 **many**를 붙이고, 셀 수 없는 명사 앞에는 **much**를 붙입니다. 엄청나게 중요하기 때문에 꼭 외워 두시기 바랍니다. 특히 **many**뒤에 나오는 명사는 당연히 **s**를 붙여야 합니다. 복수니까요. **many**나 **much**대신 **a lot of**나 **lots of**를 써도 되는데요, 이것들은 셀 수 있는 명사든 셀 수 없는 명사든 가리지 않고 쓰이기 때문에 참 편리하답니다. 꼭 외워 두시기 바랍니다.(시험에 아주 자주 나옵니다.)

```
many books  = a lot of books, lots of books
much water  = a lot of water, lots of water
```

이번에는 '약간 있는~'이라는 형용사를 공부해 보겠습니다. 셀 수 있는 명사 앞에는 **a few**를 쓰고, 셀 수 없는 명사 앞에는 **a little**을 씁니다. 물론 **a few**뒤에 나오는 명사에 **s**를 붙여야 하는 것은 당연합니다.(복수이므로)

그리고 **a little**이나 **a few** 대신 **some**을 써도 됩니다. **some**도 역시 **a lot of**나 **lots of**와 같이, 셀 수 있는 명사든 셀 수 없는 명사든 가리지 않고 사용됩니다.

```
a few books    =  some books
a little water =  some water
```

셀 수 있는 명사와 셀 수 없는 명사와의 비교

셀 수 있는 명사	셀 수 없는 명사

• 하나일 때(단수)는 a(n)~
  a book
• 여러 개일 때(복수)는 ~s
  two books
	• 많든 적든 그냥 쓰면 됩니다.
	  water

• 많은~ :
  many books
  a lot of books
  lots of books
	• 많은~ :
	  much water
	  a lot of water
	  lots of water

• 적은~, 약간의~ :
  a few books
  some books
	• 적은~, 약간의~ :
	  a little water
	  some water

*some, a lot of, lots of 등은 셀 수 있는 명사, 셀 수 없는 명사에 다 쓰일 수 있습니다.

■훈련문제■ 30 다음 빈 칸에 many나 much 중 맞는 것을 쓰고, 소리 내어 읽으시오.

1 _____ water
2 _____ people
3 _____ books
4 _____ salt
5 _____ leaves
6 _____ milk
7 _____ knives
8 _____ children
9 _____ sugar
10 _____ homework
11 _____ brothers
12 _____ sisters

13 _____ work

14 _____ bread

15 _____ cheese

16 _____ flowers

17 _____ trees

18 _____ wood

19 _____ wind

20 _____ light *빛

21 _____ coins

22 _____ money

23 _____ desks

24 _____ air

25 _____ smoke *연기

26 _____ cats

27 _____ dogs

28 _____ animals

29 _____ plants *식물

30 _____ juice

31 _____ noise

32 _____ computers

33 _____ cars

34 _____ time *많은 시간

35 _____ times *여러 번

36 _____ eyes

37 _____ power

38 _____ care

39 _____ cloth

40 _____ clothes

틈틈이 단어정리

- noise 명소음
- care 명관심, 염려
- cloth 명옷감, 천
- clothes 명옷

▶이 부분을 마친 분 중에서 '의문사'부분을 건너뛴 사람은 되돌아가서 공부합시다.

훈련문제 31 괄호 안에서 어법에 맞는 것을 고르시오.

1 (①a ②some ③many) water

2 (①a ②many ③much) books

3 (①a ②many ③much) salt

4 (①a ②some ③much) leaves

5 (①a ②a lot of ③many) milk

6 (①a ②a lot of ③many) knife

7 (①a ②many ③much) children

8 (①a ②a few ③a little) sugar

9 (①a ②many ③much) homework

10 (①a ②much ③many) brother

11 (①a ②a lot of ③much) sisters

12 (①many ②much ③a few) work *많은 일

13 (①a ②a few ③a lot of) bread

14 (①some ②a few ③many) cheese

15 (①some ②much ③a) flowers

16 (①much ②a little ③many) trees

103

17 (①a ②many ③much) coin

18 (①a ②a few ③a lot of) money

19 (①a ②many ③much) desks

20 (①a ②a few ③a lot of) air

21 (①a ②a few ③a little) smoke *약간의 연기

22 (①a ②many ③much) cats

23 (①a ②many ③much) dogs

24 (①a ②a lot of ③much) animals

25 (①a ②a lot of ③much) plants

26 (①much ②many ③a) juice

27 (①much ②many ③a) computers

28 (①much ②many ③a) cars

29 (①much ②many ③a) time *많은 시간

30 (①much ②many ③a) times *여러 번

31 (①some ②much ③a) eyes

32 (①much ②many ③a) people *많은 사람들

명사 앞에 a(n), the 붙이기

우리나라 말에는 아예 없는 것들이 영어에는 있습니다. 그 대표적인 것이 바로 **a(n)**와 **the**입니다. 이런 것들을 '관사'라고 부릅니다. 자세한 공부는 〈문법훈련소기초2〉에서 하기로 하구요, 여기서는 기초적인 부분만을 살펴보겠습니다.

a(n)을 붙이는 경우

1. 셀 수 있는 명사가 하나일 때
2. 그러면서 '지정된 것'이 아닐 때
3. 우리나라 말로 해석이 될 때는 :
   어느~ , 하나의~, (그냥)~

- **a를 붙일까, an을 붙일까?**

  a를 붙일지, **an**을 붙일지는 뒤에 나오는 단어의 '발음'으로 결정됩니다. 뒤에 나오는 '발음'이 모음으로 시작되면 **an**을, 자음으로 시작되면 **a**를 붙입니다.
  '철자'가 아니라 '발음'으로 결정 난다는 것을 기억하세요.

  a cat   a baby   a nose
  an apple   an orange   an ice cream

105

훈련문제 **32** 다음 빈 칸에 a 또는 an을 집어넣으시오.

▶발음을 모르면 인터넷이나 전자사전을 통하여 확인하도록 합시다!

1 _____ apple   2 _____ rabbit

3 _____ monkey   4 _____ orange

5 _____ hour   6 _____ hat

7 _____ umbrella   8 _____ piano

9 _____ MP3 player   10 _____ cat

11 _____ student   12 _____ English teacher

13 _____ book   14 _____ building

15 _____ city   16 _____ ice cream

17 _____ friend   18 _____ egg

19 _____ tiger   20 _____ honest boy

틈틈이 단어정리

- building 몡건물   *build 동짓다, 건축하다
- honest 형정직한   *honesty 명정직

the를 붙이는 경우

1. 지정된 것일 때

   *셀 수 있는 것이든, 셀 수 없는 것이든 상관없고 한 개든 여러 개든 상관없다.

2. 우리나라 말로 해석이 될 때는 '그~'라고 해석합니다.

3. 습관적으로 붙이는 경우
   ① 악기이름 앞에 : play the piano, play the violin
      *<u>스포츠</u> 이름 앞에는 쓰지 않습니다. play soccer, play football
   ② 아침에, 오후에, 저녁에 :
      in the morning, in the afternoon, in the evening

여기서 다시 한 번 강조합니다. **a(n)**를 붙이는 경우와 **the**를 붙이는 경우, 또는 안 붙이는 경우를 상세히 공부하려면 끝도 없고, 어렵기도 합니다. 무슨 법칙이 있는 것 같으면서도, 그 법칙만큼 예외도 많고요. 기본적인 규칙만 기억하고 나머지는 입과 가슴이 기억하도록 내버려 둡시다.

- **'the'가 [ðə]로 발음될 때와 [ði]로 발음될 때**
  *뒤에 나오는 단어의 '발음'이,
  ① 자음이면 [ðə]로
  ② 모음이면 [ði]로 발음됩니다.
  *부정관사와 마찬가지로 '발음'으로 결정되는 것이지 '철자'로 결정되는 것이 아닙니다.
  − [ðə] the desk, the baby, the dogs
  − [ði] the other, the end, the English man

- **모음 같지만 자음인 발음들(반모음 혹은 반자음)**
  우리나라 사람들이 듣기에는 모음 같지만, 원어민은 자음으로 분류하는 발음들이 있습니다.
  [w]발음 : world, word, wand, one, wonderful ~
  [j]발음 : university, universe, year, yacht, Europe
  *그러므로 혼동하지 않도록 정리해 둡니다.
  a word, a wand, a wonderful girl, a university, a year, a yacht,
  a European, the[ðə] universe, the[ðə] one, an umbrella, the[ði] umbrella

훈련문제 33 다음 빈 칸에 a(n) 또는 the를 알맞게 넣으시오.

1 전 (그냥) 학생입니다. I am _____ student.

2 제가 바로 그 학생입니다. I am _____ student.

3 당신은 선생님이신가요? Are you _____ teacher?

4 당신이 그 선생님이신가요? Are you _____ teacher?

5 사과 하나만 주세요. Give me _____ apple.

6 탁자 위에 있는 그 사과 먹었어요?

   Did you eat _____ apple on the table?

7 그 여자 분께서 오셨습니다. _____ lady came here.

8 어떤 여자 분께서 오셨습니다. _____ lady came here.

9 그 책들 가지고 왔니? Did you bring _____ books?

10 읽을 책 하나만 주라. Give me _____ book to read.

틈틈이 단어정리

- world 명세상
- wand 명지팡이
- university 명대학교
- universe 명우주
- yacht 명요트, 배
- Europe 명유럽(대륙) *European 명유럽인 형유럽의~

There be 구문

there는 '저기', '저쪽에', '저쪽으로' 등의 뜻을 가지고 있는 부사입니다. there에서 t를 빼 보세요. here이 되죠? here는 '여기', '이쪽에', '이쪽으로' 등의 뜻을 가집니다. there와는 반대의 뜻이 됩니다.

Go there. 저기로 가라.
Come here. 이리로 와.
Over there. 저쪽에
Over here. 여기에

그런데 there 바로 다음에 be동사가 오면 '저기, 저쪽에, 저쪽으로' 등의 뜻은 슬그머니 사라지고, '~가 있다'라는 의미가 됩니다.

There is a book. 책이 있다.
There is a tree in the park. 공원에 나무가 한 그루 있다.

어때요 참 쉽죠? 책이 여러 권 있을 때는 어떻게 쓸까요?

There are some books.
There are some trees in the park.

이제 알겠죠? **There is** 뒤에는 단수가 나오고, **There are** 뒤에는 복수가 옵니다.

109

그러면 셀 수 없는 명사일 경우에는 어떡할까요? 그냥 **There is**를 쓰면 됩니다.

There is milk in the refrigerator. 냉장고에 우유가 있다.

'~가 있나요?'라는 의문문도 만들 수도 있겠죠? 이건 정말 쉬워요. be동사가 쓰인 문장이니까 순서만 바꿔주세요.

Is there milk in the refrigerator?

그럼 부정문은요? be동사가 쓰인 문장이니까 be동사 뒤에 not만!

There isn't any milk in the refrigerator. 냉장고에 우유가 하나도 없다.

There be 구문 정리

1. 〈There is~〉 ~가 있다

    There is a book.

    There is water.

2. 〈There was~〉 ~가 있었다

    There was a book.

    There was water.

3. 〈There are 복수〉 ~가 있다

    There are books.

    There are water.(×)

4. 〈There were 복수〉 ~가 있었다

   There were books.

   There were water.(×)

5. 〈Is there ~?〉 ~가 있나요?

   Is there a book?

   Is there water?

   ― Yes, there is. ― No, there isn't.

6. 〈Was there~?〉 ~가 있었나요?

   Was there a book?

   Was there water?

   ― Yes, there was. ― No, there wasn't.

7. 〈Are there 복수~?〉 ~가 있나요?

   Are there books?

   ― Yes, there are. ― No, there aren't.

8. 〈Were there 복수~?〉 ~가 있었나요?

   Were there books?

   ― Yes, there were. ― No, there weren't.

9. 〈There is no~〉 ~가 없다

   There is no supermarket around here.

∎훈련문제∎ 34 주어진 문장과 같은 뜻이 되도록 빈 칸을 채우시오.

▶뒤이어 나오는 명사가 단수인지 복수인지, 셀 수 없는 명사 인지를 확인하세요.

1 필통에 연필이 한 개 있다.

   _____ a pencil in the pencil case.

2 교실에 두 명의 아이들이 있다.

   _____ two children in the classroom.

3 이 근처에 도서관이 있습니까?

   _____ a library around here?

   Yes, _____

   No, _____

4 컵에 물이 많이 있다.   _____ a lot of water in the cup.

5 냉장고에 주스가 많이 있습니까?

   _____ much juice in the refrigerator?

6 그 부엌에는 칼이 없다.   _____ no knife in the kitchen.

7 여기 누구 있어요?   _____ anybody here?

8 저기 나무 한 그루가 있었다.   _____ a tree over there.

9 몇 가지 문제가 있다.   _____ some problems.

10 문제가 있나요? _____ any problems?

11 자동차 사고가 있었다. _____ a car accident.

12 두 권의 책이 책상 위에 있었나?

_____ two books on the desk?

Yes, _____

No, _____

13 저기에 큰 시계가 있었다. _____ a big clock there.

14 서랍 속에 총이 있었나?

_____ a gun in the drawer?

Yes, _____

No, _____

틈틈이 단어정리

- library 명 도서관
- around here 이 근처에
- a lot of 많은
- refrigerator 명 냉장고, 줄여서 fridge
- accident 명 사고
- drawer 명 서랍

전치사

전치사는 명사 앞에 붙어서 명사의 의미에 날개를 달아줍니다.

예를 들어 '집'이라는 명사가 있다면, '집 안에', '집 위에', '집 앞에', '집 옆에' 등 수많은 표현이 가능합니다. 여기서 '~안에', '~위에', '~앞에', '~옆에' 등의 의미를 가지는 것들이 바로 전치사입니다. 전치사는 하나씩 하나씩 그 예문을 통해서 익히는 것이 제일 좋습니다.

어떤 전치사를 쓰는 것이 정확한가는 그 전치사가 가지고 있는 일반적인 '느낌'에 따라 결정이 됩니다. 각각의 전치사는 고유한 방향성, 혹은 모양새를 가지고 있기 때문에, 전치사를 익힐 때 가장 좋은 방법은 전치사를 하나의 그림으로 인식하는 것입니다.

in

in은 우리나라 말로 '~안에'라는 의미로 해석이 됩니다. 어디에 둘러싸여 있는 느낌이 들 때, 어디 내부에 들어가 있는 느낌이 들 때 사용하는 전치사입니다. 그 '어디'는 공간이 될 수도 있고, 시간이 될 수도 있습니다.

in the box 상자 안에
in September 9월에
in Korea 한국에

*in의 그림

on

on은 '~위에'라는 의미로 주로 해석이 됩니다. 그러나 주의할 점은 그것과 접촉되어 있어야 한다는 것입니다. 공간적으로는 물론 시간적으로 붙어 있을 때도 쓰입니다.

on the desk 책상 위에
on Sunday 일요일에
on the wall 벽에

*on의 그림

at

우리나라 말로 '~에'로 해석이 됩니다만, 이해하기가 다소 까다로운 부분이 있습니다. 하지만 근본 개념만 알아두면 별로 어렵지도 않죠. 다음 예들을 잘 보세요. 어떤 공통점이 있답니다.

at the bus stop 버스 정류장에
at noon 정오에
at 10 o'clock 10시에

*at의 그림

어떤가요? 뭔가 느껴지는 것이 없나요? 힌트를 드리지요. 버스는 정해진 경로를 향해 지나갑니다. 시계 바늘도 마찬가지이지요. 이제 알겠어요? 약간 추상적으로 설명하자면, **at**은 뒤에 나오는 것을 점으로 인식합니다. 잠시 있다가 지나간다는 느낌이 듭니다.

지금까지 설명한 **in**과 **on**과 **at**을 시간과 관련하여 쓸 때는 정리를 잘 해 두어야 합니다. 왜냐하면 우리나라말로는 도저히 구분이 안갑니다. 예를 들어,

1월에, 수요일에, 9시에

우리나라 말로는 전부 '~에'지만 영어로는 모두 다르게 써야 합니다.

in January, **on** Wednesday, **at** 9

자 어때요? 어떤 법칙을 찾을 수 있겠어요? 그렇습니다. <u>**on**은 주로 하루단위에 씁니다</u>. <u>**in**은 하루보다 클 때</u>, <u>**at**은 하루보다 작은 단위에 쓰죠</u>. 이렇게 정리해 두면 외우기가 쉽습니다.

in Summer, in 2004
on September 5th, on my birthday,
at noon, at night,

by

by는 '~옆에', '~가까이에'라는 근본적인 뜻이 있습니다. 그리고 **by**와 함께 교통수단이 들어가면 '~을 타고'라는 의미가 생깁니다.

by the desk 책상 옆에   *by의 그림
by taxi 택시타고
by bus 버스타고

to

to는 주로 '~로'라고 해석이 됩니다. 기본 개념은 '~의 방향으로', '~를 향하여'의 의미를 갖습니다.

*to의 그림
to the building 그 건물로

from

from은 주로 '~로부터'라고 해석이 됩니다. **from** 뒤에 나오면 출발점을 나타냅니다.

from the school 그 학교로부터

*from의 그림

before / after

before는 '~앞에', '~전에'의 의미로 해석이 됩니다. 시간적으로나 공간적으로 바로 앞에 있는 모양이죠. 그리고 **after**는 **before**의 반대 의미로 쓰입니다. 같이 외워두면 좋겠죠.

before me 내 앞에
before breakfast 아침식사 전에
after me 내 뒤에
after breakfast 아침식사 후에

기본적인 전치사 정리

*전치사를 공부할 때 가장 효과적인 방법은 그 전치사의 의미를 그림으로 이해하는 것입니다.

in
- 기본그림: 어디의 내부, 안에 있음
- 대략적 의미: ①장소: ~안에 ②시간: ~에 ▶주로 하루보다 큰 단위

　in the house
　in Korea
　in 1988
　in Summer

on
- 기본그림: 어떤 것에 달라붙어 있음
- 대략적 의미: ①장소: ~에(접촉) ②시간: ~에 ▶주로 하루 단위

  on the desk
  on the wall
  on Christmas

at
- 기본그림: 어떤 점(지점)에 일시적으로 붙어 있음
- 대략적 의미: ①장소: ~에 ②시간: ~에 ▶주로 하루보다 작은 단위

  at the end of the road
  at home
  at night

- **시간의 의미로 쓰이는 in/on/at의 구별방법!**

  ① 하루단위면 on! on September 9th, on Christmas
  ② 하루보다 크면 in! in September, in winter
  ③ 하루보다 작으면 at! at 9 o'clock, at night
  *예외: in the morning, in the afternoon, in the evening

---

to
- 기본그림: 어떤 도착점을 향하여 나아가기
- 대략적 의미: ~로, ~를 향하여

  to the right 오른 쪽으로
  a quarter to 11 11시 15분전

from
- 기본그림: 어떤 지점에서 출발하여 나오기
- 대략적 의미: ~로부터, ~에서

  I come from Korea.
  from the beginning 처음부터

by

- 기본그림: 옆에 있기
- 대략적 의미: ~옆에, ~으로(교통수단)

　by me
　by car/bus/train/plane ~타고
　step by step 한걸음씩

before
= in front of

- 기본그림: 어떤 것 앞에 있기
- 대략적 의미: ~앞에, ~전에

　before the door 문 앞에
　a quarter before 11 11시 15분전

after
= behind

- 기본그림: 어떤 것 뒤에 있기
- 대략적 의미: ~후에, ~뒤에

　Come after me. 나를 따라와.
　after hours 근무시간 후에
　one after another 잇따라

- 〈by교통수단〉; ~을 타고

　by taxi, by bus, by plane, by bike, by car, by train
　*by뒤에는 관사가 없습니다. 단, by를 쓰지 않을 경우는 관사를 써야 합니다.
　　on a bike, in a plane
　*걸어서 : on foot

- 〈from~ to~〉; ~에서 ~까지

　from this box to that one 이 상자에서 저 상자까지
　from September to December 9월에서 12월까지
　from one to thirty 1에서 30까지

훈련문제 35 우리나라말에 맞게 빈칸에 알맞은 말을 넣으시오.

1 방안에   _____ the room

2 10시에   _____ 10 o'clock

3 책상 위에(붙어서)   _____ the desk

4 책상 밑에   _____ the desk

5 책상 옆에   _____ the desk

6 책상 앞에   _____ the desk

7 택시 타고   _____ taxi

8 비행기타고   _____ plane

9 밤에   _____ night

10 내 생일에   _____ my birthday

11 내 집으로부터   _____ my house

12 점심식사 전에   _____ lunch

13 점심식사 후에   _____ lunch

14 4시에서 5시까지   _____ four _____ five

15 우리 집에서 학교까지   _____ my house _____ my school

16 정오에   _____ noon

17	3시에	_____ 3
18	여름에	_____ summer
19	2005년에	_____ 2005
20	성탄절에	_____ Christmas
21	서울로	_____ Seoul
22	어디서 오셨어요?	Where are you _____?
23	걸어서	_____ foot

전치사 뒤에, 어떤 것은 올 수 있고 어떤 것은 올 수 없습니다. 올 수 있는 것들만 외워두면 됩니다. <u>전치사 뒤에는 명사, 동명사 만 올 수 있습니다. 대명사의 경우에는 목적격이 와야 합니다.</u>

┃훈련문제┃ 36 괄호 안에서 적당한 것을 고르시오.

1   to (he, him)

2   from (I, me, my)

3   by (do, doing, done) it

4   for (she, her, he)

5   from (going there, go there, to go there)

6   after (you, your, I, my)

7   after (get up, getting up, to get up)

8   before (cook, cooking, to cook)

틈틈이 단어정리
- by ~ing ~함으로써
- get up (잠자리에서)일어나다

형용사

형용사가 있는 이유는 오로지 명사 때문입니다. 정말 눈물겹운 지고 지순한 사랑입니다. 명사가 없다면 형용사가 필요 없을 정도입니다.

왜냐하면 <u>형용사는 명사를 꾸며주는 역할</u>을 하기 때문입니다. 이 형용사가 우리나라 말로 해석이 될 때는 '~한', '~하는' 정도로 해석이 됩니다.

a pretty girl 예쁜 소녀
a big car 큰 자동차

위의 예에서 **pretty, big** 등이 형용사입니다. 이 형용사들은 각각 **a girl** 과 **a car**를 꾸며주고 있습니다. 이처럼, 어떠한 소녀인지 어떠한 자동차 인지를 꾸며주는 역할을 하고 있죠.

또한, 명사 앞에서 꾸며주기만 하는 것이 아니라 어떤 특정 동사 뒤에서 설명해주기도 합니다. 주로 be동사 뒤에서 '어떠어떠하다'로 해석이 됩니다. 예를 들어, **a pretty girl**은 '예쁜 소녀'라고 해석이 되지만,

The girl is pretty.

에서처럼 **pretty**가 be동사 뒤에 올 때에는 '예쁘다'로 해석이 됩니다.

형용사의 쓰임

1. 형용사는 명사를 꾸며주거나, 설명할 때 사용합니다.
2. 형용사의 용법

   ① 한정용법 : 명사 앞에서 '~한', '~하는'으로 해석이 되는 경우

   a beautiful picture 아름다운 그림

   ② 서술용법 : ⟨be + 형용사⟩등의 형태로, '~하다'로 해석이 되는 경우

   beautiful 아름다운 → am/are/is beautiful 아름답다
   → was/were beautiful 아름다웠다
   → will be beautiful 아름다울 것이다

   ▶이 때 사용되는 형용사를 '보어'라고 합니다.

▌훈련문제▌ 37 우리나라 말에 맞게 빈 칸을 채우시오.

▶적절한 be동사를 같이 쓰는 연습입니다. 이 훈련이 필요 없는 사람은 건너뛰어도 됩니다.

1 그 꽃은 아름답다.   The flower _____

2 그 다리는 길어.   The bridge _____

3 그 영화 재미있었어. *(interesting)*

   The movie _____

4 그 영화 재미있을 거야.

   The movie _____

5   그 영화 재미있니?*(의문문)*

　　_____ the movie _____?

6   그 수학문제 어려워.*(difficult)*

　　The math problem _____

7   그 수학문제들 어려웠어.

　　The math problems _____

8   그 사람들은 중요해.*(important)*

　　The people _____

9   난 유명 했었어.*(famous)*

　　I _____

10   난 유명하게 될 거야.

　　I _____

부사

명사를 수식하는 것은 무엇일까요? 금방 배웠죠? 네 그렇습니다. '형용사'입니다. 그럼 '형용사'를 수식하는 것도 있을까요? 그럼요, 있죠. 바로 '부사'라는 녀석입니다.

a house 집 명
a big house 큰 집 형+명
a <u>very</u> big house 매우 큰 집 부+형+명

그리고 이 부사는 형용사뿐만 아니라 다른 것도 수식하는데요, 그 중에 제일 많이 수식하는 것이 바로 동사입니다. 이때는 '~히, ~하게'로 해석됩니다.

Dogs run. 개는 달린다.
Dogs run <u>fast</u>. 개는 빨리 달린다.

여기서 **fast**는 동사 **run**을 꾸며주고 있는 부사입니다.

Drive slowly. 천천히 운전해.

여기서도 **slowly**는 동사 **drive**를 수식하는 부사입니다.

또 하나! 부사가 수식할 수 있는 것이 더 있습니다. 바로 '부사'입니다. 부사는 같은 부사끼리도 서로 수식하는 아주 이상한 녀석들입니다.

The dog runs fast. 그 개는 빨리 달린다.
The dog runs very fast. 그 개는 아주 빨리 달린다.

여기서 fast가 부사인 것은 아까 배웠죠? 그런데 그 앞에 있는 very도 부사입니다. 즉, 부사인 very가 부사인 fast를 수식하고 있습니다. 즉, 부사는 형용사, 동사, 부사를 수식합니다.

*동사수식

run 달린다⑧ → run fast 빨리⑨ 달린다⑧

*형용사 수식

a pretty flower 예쁜⑲ 꽃⑲ → a very pretty flower 아주⑨ 예쁜⑲ 꽃⑲

*부사수식

run fast 빨리⑨ 달린다⑧ → run very fast 무지⑨ 빨리⑨ 달린다⑧

지금까지는 단어 하나가 부사로서 쓰였지만, 전치사(분명 배웠습니다)와 명사(이것도 배웠습니다)가 합치면 부사로도 쓰일 수 있습니다. 자 이게 무슨 말일까요?

He lives. 그는 산다.
He lives in the house. 그는 그 집에 산다.

잘 보세요. in(전치사)과 the house(명사)가 합치자 live라는 동사를 꾸며주고 있죠? 이해가 되나요?

127

He went <u>to the house</u>. 그는 집으로 갔다.

역시 **to**(전치사)와 **the house**(명사)가 합쳐져서 **went**를 수식하고 있습니다. 그래서 〈전치사 + 명사〉 → (대부분의 경우) 부사가 되는 겁니다.

- go home이 맞을까요? go to home이 맞을까요?

  go home이 맞습니다. **home**은 집이라는 명사로 쓰이기도 하지만 '집으로'라는 부사로 더 많이 쓰입니다. 즉, 'go to home'이라고 쓰면 불필요한 전치사가 들어간 것과 같습니다. 그래서 'go home'이 맞습니다.

부사의 쓰임

1. 부사의 개념 : 일반적으로 '~하게', '~히'로 해석이 되는 경우

    fast 빨리,   quietly 조용히,   slowly 천천히

2. 부사의 역할 : 동사나, 형용사나, 다른 부사를 꾸며줍니다.

3. 부사구 : 〈전치사 + 명사〉

■훈련문제■ **38** 우리나라 말에 맞게 다음 빈칸을 채우시오.

▶밑줄 친 부분이 부사입니다. 제시된 단어로 문장을 만들되 어순에 주의하시기 바랍니다.

1   그는 <u>매우(very)</u> <u>빨리(fast)</u> 달린다.

   He runs _____

2 너무(too) 덥다(hot).

   It's _____

3 나는 아침에(in the morning) 일찍(early) 일어난다.

   I get up _____

4 나는 어제(yesterday) 여기(here) 왔다.

   I came _____

5 빨리(quickly) 집으로(home) 가자.

   Let's go _____

6 지금 당장(right now) 여기로(here) 와.

   Come _____

7 그는 아주(very) 조심스럽게(carefully) 운전한다.

   He drives _____

8 열심히(hard) 공부해(study)!

   _____

9 Tony는 작년에(last year) 여기(here) 살았어.

   Tony lived _____

모양이 같은 부사와 형용사

형용사와 부사를 공부할 때 제일 헷갈리는 부분입니다. 똑같은 단어가 형용사로 쓰였다가 부사로도 쓰였다가 하는 것들이죠. 몇 가지만 확실히 알아두면 더 이상은 헷갈리지 않을 테니 이 기회에 완전히 외워두도록 하세요.

fast	(형)빠른	He is a fast runner.
	(부)빨리	He runs fast.
early	(형)이른	The early bird catches the worm.
	(부)일찍	He came home early.
deep	(형)깊은	This lake is very deep.
	(부)깊이	Dig deep!
late	(형)늦은	I'm sorry. I'm late.
	(부)늦게	I got up late.
	*lately (부)최근에	Have you seen her lately?
hard	(형)딱딱한, 어려운	I solved the hard question.
	(부)열심히	Study hard.
	*hardly (부)거의~않게	I can hardly believe it.

■훈련문제■ **39** 다음 문장을 밑줄 친 부분에 유의하면서 해석하시오.

1 His car is fast. _____

2 He drives fast. _____

3 The meeting is early. _____

4 I got here early. _____

5 The river is too deep. _____

6 Dive deep! _____

7 You are late for school. _____

8 The train arrived here late. _____

9 The surface is too hard. _____

10 He always studies hard. _____

11 The problem is hard to solve. _____

■ meeting 명회의
■ be late for~ ~에 늦다
■ arrive 동도착하다
■ surface 명표면

빈도부사

'빈도'라는 말이 좀 어렵죠? 쉽게 말해 '얼마나 자주?'에 대한 대답이라고 이해하면 됩니다.

'얼마나 자주 목욕탕 가냐?'
'아주 가끔' → 이것이 빈도부사입니다.

부사를 배우고 난 다음에 빈도부사를 따로 배우는 이유는 일반적인 부사와는 다른 점이 있기 때문입니다. 그 차이는 바로 빈도부사가 문장 속에 들어가는 '위치'입니다. 그것을 설명하기 전에 우선 빈도부사에는 어떤 것들이 있는지 알아야 하겠습니다.

always 항상			
usually 보통, 대게			
often 자주, 종종			
sometimes 가끔, 때때로			
seldom 거의 ~않게			
hardly 거의 ~않게			
never 한번도 ~않게			

*seldom/hardly, never는 문장을 부정문으로 만듭니다.

He <u>seldom</u> reads. 그는 거의 책을 읽지 않는다.
He was <u>never</u> late. 그는 한 번도 늦지 않았다.

순서대로 외우는 것이 편합니다. 이 빈도부사들이 다른 평범한 부사와 어떤 점에서 다른지 알아보겠습니다.
부사가 동사를 수식할 경우, <u>보통의 부사는 동사의 뒤에서 수식을 하게 됩니다.</u>

He got up <u>late</u>. 그는 늦게 일어났다.
Come <u>here</u>. 여기로 와.
He is <u>still</u> here. 그는 아직 여기 있어.

그런데 이 빈도부사는 특이하게도 일반동사일 경우에는 앞에서 수식을 합니다.(be 동사나 조동사의 경우에는 다른 부사와 같이 뒤에서 수식을 합니다) 문장으로 익혀두는 것이 제일 좋습니다.

He is always late. 그는 항상 늦어.
He always comes late. 그는 항상 늦게 와.

빈도부사의 용법

1. **빈도 부사의 종류** ▶빈도부사는 그 빈도정도에 따라서 다음과 같이 순서대로 외우세요.

   always 항상

   usually 보통, 대게

   often 자주, 종종

   sometimes 가끔, 때때로

   seldom/hardly 거의~ 않게   ▶이 밖에도 scarcely, rarely가 있습니다.

   never 한번도~ 않게

• 빈도부사 연습하기 ▶외워서 써 봅시다.

항상				
보통, 대게				
자주, 종종				
가끔, 때때로				
거의~않게				
한번도 ~않게				

2. 빈도부사의 위치

　　빈도부사는 다른 일반적인 부사와는 달리, 문장 속에 들어가는 위치가 아주 특이합니다. be동사나 조동사가 쓰인 문장에서는 그 be동사, 조동사 '뒤'에 들어가고, 일반동사가 쓰인 문장에서는 그 일반동사 '앞'에 들어갑니다.

3. 이렇게 외우자 → 비조뒤, 일동앞!

I am <u>often</u> late.
　　　be동사

I <u>often</u> come here.
　　　　　일반동사

▶반드시 그렇지 않은 것도 있습니다. 예를 들어 sometimes나 always는 문장 맨 앞에 오기도 합니다.

<u>Sometimes</u> I got up late.

<u>Always</u> I love you.

훈련문제 40 알맞은 빈도부사를 주어진 문장 안에 집어넣어서 다시 써 봅시다.
▶빈도부사는 외워서 써 봅시다!

1 그는 항상 열심히 공부한다. (He studies hard.)

_____

2 그녀는 항상 늦어요. (She is late.)

_____

3 그들은 가끔 싸워요. (They fight each other.)

_____

4 Sam은 종종 수영하러 갑니다. (Sam goes swimming.)

_____

5 나는 한 번도 숙제를 한 적이 없어. (I did my homework.)

_____

6 나는 가끔 우울해요. (I feel down.)

_____

7 난 항상 옳아. (I am right.)

_____

8 요즘 그녀를 거의 못 봐요. (I see her nowadays.)

_____

9   그녀는 가끔 영화를 보러 가지요. *(She goes to movies.)*

    _____

10 항상 당신을 사랑할거에요. *(I will love you.)*

    _____

11 그는 거의 책을 읽지 않아요. *(He reads.)*

    _____

틈틈이 단어정리

- feel down 우울함을 느끼다
- nowadays ⓝ 요즈음
- go to movies 영화 보러가다.

문장구성성분 맛보기

지금까지 우리는, 중요한 품사들인 동사, 명사, 형용사, 부사들에 대해 모두 배웠습니다. 여기서는 이 품사들을 이용하여, 문장을 이루게 하는 '문장구성성분'에 대해 설명하도록 하겠습니다.

이미 여러분들은 문장구성성분 중에서 가장 중요한 두 가지를 이미 배웠습니다.

바로 주어와 동사!

다시 복습해볼까요? 주어는 주인공이라고 했죠. 동사는 주인공의 상태나 동작을 나타내 주는 말, 이라고 했습니다.
이제 배울 문장구성성분도 두 가지 뿐입니다. 바로 목적어와 보어!입니다.
목적어는 동사의 대상이 되는 말로서 주로 '~을/를'로 해석이 됩니다.

I like you. 〈주어+동사+목적어〉

쉽죠? 이제 보어만 남았습니다. '보어'라는 의미는 '보충해주는 말'이라는 뜻입니다. 동사의 목적어는 아니지만 동사만 있을 때 그 의미의 전달이 불충분할 경우, 이를 보완해 주는 역할을 합니다. 아래를 보시죠.

He is_____   그는 ~ 이다.
She became_____   그녀는 ~ 되었다.
You look_____   너는 ~ 보인다.

위에 쓰인 be동사나 become, look 같은 동사들은 목적어를 가지지 않는 동사입니다. 그런데 뭔가가 빠져 있군요. 전달하고자 하는 의미가 불충분합니다. 이때 사용되는 것이 '보어'입니다.

He is a teacher.
He became a beggar.
You look happy.

위 문장들에서 밑줄 친 부분이 바로 보어입니다. 더욱 자세한 내용은 〈기초2〉편에서 공부하시기 바랍니다.

- **품사표기 방법** *이제부터 단어 정리할 때 품사를 아래와 같이 표기하겠습니다.

    명사 → (n) ; noun
    형용사 → (a) ; adjective
    부사 → (ad) ; adverb
    동사 → (v) ; verb
    조동사 → (av) ; auxiliary verb
    대명사 → (p) ; pronoun

- **문장구성성분 표기법**

    주어 → S ; subject
    동사 → V ; verb
    목적어 → O ; object
    보어 → C ; complement

▌훈련문제▐ **41** 다음 문장에 주어, 동사, 목적어, 보어를 표시하고 해석하시오.

1 Some balloons float.

2 Animals need water.

3 Bob is making a snowman.

4 Some balls are soft.

5 Babies are small.

6 Trees need a lot of water.

7 I want some apples.

8 Are you crazy?

9 Did you have breakfast?

10 I don't know him.

▶품사나 문장구성성분을 공부하는 이유는 다음에 나오는 문법사항에 대한 설명에 필요하기 때문이지, 실제 영어를 공부하거나 이해할 때 필요하지는 않습니다.

틈틈이 단어정리

- balloon (n)풍선
- float (v)떠다니다
- need (v)~을 필요로 하다
- soft (a)부드러운

Grammar camp

동사를 명사로 만들기

동사는 자신이 매우 싫은 모양입니다. 어떡하든지 다른 '품사'가 되기를 원하니까요.(제발 품사가 뭐지? 하지 마세요! 분명 배웠어요!)

그래서 여러 가지 방법들이 개발되었습니다. 여기서는 이 동사들이 명사가 되기 위해 고안한 방법에 대해 배워볼까 합니다. 우리나라 말에도 '학교 가다'를 '학교 가기'로 만들면 명사처럼 쓰일 수 있는 것과 같은 이치입니다. 두 가지 방법이 있습니다.

동사를 명사로 만드는 방법

1. 동사원형 앞에다 to를 붙인다. 〈to+동사원형〉 → **to부정사**

    read a book 책 읽다 → to read a book 책 읽기

2. 동사원형 뒤에다 ing를 붙인다. 〈동사원형+ing〉 → **동명사**

    ▶to부정사와 동명사라는 용어는 나중에 다시 배우겠습니다.

    read a book 책 읽다 → reading a book 책 읽기

훈련문제 42 다음을 명사처럼 만들어 봅시다.

보기 speak English 영어를 말하다. →(영어를 말하는 것)
  to speak English / speaking English
---

1 be a movie star *(영화배우가 되다)* → *(영화배우가 되는 것)*

   _____ / _____

2 fly in the sky *(하늘을 날다)* → *(하늘을 나는 것)*

   _____ / _____

3 go abroad *(해외로 가다)* → *(해외로 가는 것)*

   _____ / _____

4 exercise regularly *(규칙적으로 운동하다)* → *(규칙적으로 운동하는 것)*

   _____ / _____

5 collect stamps *(우표를 모으다)* → *(우표를 모으는 것)*

   _____ / _____

6 live in the country *(시골에 살다)* → *(시골에서 사는 것)*

   _____ / _____

7 keep a diary *(일기 쓰다)* → *(일기를 쓰는 것)*

_____/_____

8 watch TV too much *(TV를 너무 많이 보다)* → *(TV를 너무 많이 보는 것)*

_____/_____

9 drink milk every day *(매일 우유 마시다)* → *(매일 우유를 마시는 것)*

_____/_____

틈틈이 단어정리

- abroad (ad)해외로
- exercise (v)운동하다
- regularly (ad)규칙적으로
- collect (v)모으다, 수집하다
- in the country 시골에

● **동사를 명사로 만들어서 뭐 할건데?**

앞에서 동사는 자신의 처지를 별로 좋아하지 않는다고 했죠? 그 이유가 뭔지 아세요? 동사는 항상 주인(주어)을 섬기고 살아야 하니까 그래요. 항상 〈주어+동사〉이렇잖아요. 그런데 명사가 된다는 건 정말 엄청난 일이에요. 왜냐하면 항상 주어 밑에서 봉사만 하던 동사가 드디어 스스로 주어가 될 수 있다는 의미이니까요. 정말 좋겠죠? 또한 주어뿐만 아니라 목적어나 보어로도 쓰일 수 있는 영광을 누리게 된답니다.

동사가 명사로 되면!

*동사가 명사로 되면 주어, 목적어, 보어로 사용됩니다.

study 공부하다 → to study, studying 공부하기, 공부하는 것

1. 주어

   To study hard is good thing. 열심히 공부하는 것은 좋은 것이다.

2. 목적어

   I want to study hard. 나는 열심히 공부하기를 원한다.

3. 보어

   My plan is to study hard. 내 계획은 열심히 공부하는 것이다.

훈련문제 43 앞에서 연습했던 표현을 사용해서 다음 문장을 영어로 적어봅시다.

1 영어를 말하는 것은 중요하다. *(be important)*

   _____

2 영화배우가 되는 것은 내 꿈이다. *(be my dream)*

   _____

3 하늘을 나는 것은 불가능하다. *(be impossible)*

   _____

4 해외로 가는 것은 쉽다. *(be easy)*
   _____

5 규칙적으로 운동하는 것은 건강에 좋다. *(be good for health)*
   _____

6 내 취미는 우표를 수집하는 것이다. *(be my hobby)*
   _____

7 시골에 사는 것은 불편하다. *(be inconvenient)*
   _____

8 나는 일기 쓰는 것을 싫어한다. *(I hate)*
   _____

9 네 문제는 TV를 너무 많이 보는 것이다. *(Your problem is)*
   _____

10 매일 우유를 마시는 것은 아이들에게 좋다. *(be good for children)*
   _____

지시사 this와 that

'지시'란 '가리킨다'는 의미입니다. 따라서 '지시대명사'는 가리키고 있는 구체적인 물건의 이름 대신에 쓸 수 있는 말입니다. 지시대명사는 두 가지 밖에 없습니다. 가리키고 있는 사물이 가까이 있느냐 멀리 있느냐에 따라, **this**와 **that**으로 나누어집니다.

*가까이 있는 것을 가리킬 때 : this 이것, these 이것들(복수)
*멀리 있는 것을 가리킬 때 : that 저것, those 저것들(복수)

그런데 이 지시대명사들은 그대로 '지시형용사'로도 사용됩니다. 지시형용사라는 것은 '이~', '저~'의 의미로 명사 앞에 붙어서 사용되는 것을 말하죠.

<u>this</u> book 이 책
<u>these</u> books 이 책들
<u>that</u> girl 저 소녀
<u>those</u> girls 저 소녀들

하지만 지시대명사든 지시형용사든 동일한 의미의 '지시사'로 한꺼번에 알아 두는 것이 좋습니다. 다양한 용법을 익히고, 단복수의 개념에 주의합시다.

지시사 this

1. 의미: 이것, 이분, 여기, 이~
2. 복수형태: these
3. 용법

   This is mine. 이것은 내 것입니다.(사물)

   These are mine. 이것들은 내 것입니다.(복수)

   This book is mine. 이 책은 내 것입니다.

   These books are mine. 이 책들은 내 것입니다.(복수)

   This is my wife. 이 사람은 내 아내입니다.(사람)

   This is my house. 여기는 우리 집입니다.(장소)

   Who's this? 누구세요?(전화상에서)

지시사 that

1. 의미: 저것, 저분, 저~
2. 복수형태: those
3. 용법

   That is yours. 저것은 네 것입니다.(사물)

   Those are yours. 저것들은 당신의 것들입니다.(복수)

   That is my father. 저 분은 저의 아버지입니다.(사람)

   Those are my students. 저 사람들은 내 학생들입니다.(복수)

훈련문제 44 우리나라 말에 맞게 빈 칸을 채우시오.

1 이것은 나의 책입니다. _____ my book.

2 이것들은 나의 책입니다. _____ my books.

3 이 책은 내 것입니다. _____ book is mine.

4 이 책들은 내 것입니다. _____ books are mine.

5 저것은 내 연필입니다. _____ my pencil.

6 저것들은 내 연필입니다. _____ my pencils.

7 저 장난감은 네 것이야. _____ toy is yours.

8 저 장난감들은 네 것이야. _____ toys are yours.

9 이 분은 나의 아버지이십니다. _____ my father.

10 저 사람들은 내 학생들입니다. _____ my students.

11 이 사람들은 내 친구들입니다. _____ my friends.

명령해봅시다

'웃다'라는 단어를 명령체로 바꾸려면 '~하다'를 '~해라'나 '~하시오'로 바꾸면 됩니다.

하지만 영어에서는 smile 이라는 단어를 명령문으로 바꾸려면 그냥 Smile! 하면 됩니다. 정말 쉽죠?

명령문은 언제나 상대방에게 하는 말이므로 주어 you를 생략하는 것이 보통입니다. 물론, '네가 해!'라며 너!를 강조하고 싶을 때는 you를 넣어서 'You, smile!'이라고 말할 수도 있습니다.

그럼 '~하지마.'라는 명령문은 어떻게 만들까요? 이것도 믿을 수 없을 만큼 쉽죠. 동사원형 앞에 Don't만 붙이면 됩니다. 'Don't smile.'하면 됩니다. Don't 대신 Never를 붙이면 좀 더 강력한 부정 명령문이 됩니다.

Never smile. 절대 웃지 마.

형용사나 명사로도 명령문을 만들 수도 있습니다.

kind, nice, honest, a doctor 등으로 명령문을 만들려면 어떻게 하면 될까요? 명령문으로 만들고자 하는 형용사나 명사 앞에 'be동사의 동사원형'을 붙이면 됩니다. be동사의 동사원형은 무엇일까요? 이것 모르면 바보입니다. 왜냐하면 be동사의 동사원형은 바로 be이니까요.

Be kind. 친절해라.
Be honest. 정직해라.
Be a doctor. 의사가 되어라.

명령문 정리

1. 〈동원~〉 : ~해라 Do it!

2. 〈Don't + 동원〉 : ~하지마 Don't do it!

3. 〈Never + 동원〉 : (절대)~하지마 Never do it!

4. 명령문 앞이나 뒤에 please를 넣으면 : ~해주세요(제발)

    Do it, please.

5. 형용사나 명사를 명령문으로 만들 때는 Be동사를 씁니다.

    〈Be + 명사/형용사〉 : ~해져라, ~가 되어라

    Be kind! 친절해라.

    Be a nice boy. 착한 아이가 되어라.

▌훈련문제▌ 45 주어진 단어를 사용하여 명령해 봅시다.

▶문장의 맨 처음은 대문자로 써야 한다는 것을 잊지 마세요.

1   창문을 닫아라. *(the window, close)*

   _____

2   네 눈을 감아라. *(your eyes, close)*

   _____

3   일찍 자라. *(early, go to bed)*

   _____

4   네 손 씻어라. *(your hands, wash)*

   _____

5   네 머리 감아라. *(your hair, wash)*

   _____

6   조용히 해. *(quiet)*

   _____

7   다른 사람에게 친절해. *(to others, kind)*

   _____

8   인내해라. *(patient)*

   _____

9   진정해. *(calm down)*

   _____

10   빨리 달려. *(quickly, run)*

   _____

11   (네) 눈 뜨지 마. *(your eyes, open)*

   _____

12 떠들지 마. *(make a noise)*

　　_____

13 여기서 수영하지 마. *(here, swim)*

　　_____

14 늦지 마. *(late)*

　　_____

15 수줍어하지 마. *(shy)*

　　_____

16 화내지 마. *(angry)*

　　_____

우리나라 말로 '~하자'라는 표현을 영어로 할 때는 **Let's**를 쓰고 뒤에 동사원형을 붙입니다.

Let's study. 공부하자!

그러면, '~하지말자'는 어떻게 표현할까요? **Let's not** 뒤에 동사원형을 사용하면 됩니다. 이렇게 쉬운 표현으로 너무나 많은 말을 할 수 있답니다. 꼭 기억하세요.

Let's not study. 공부하지 말자!

Let's~ 문형

1. 〈Let's + 동원〉 : ~하자
2. 〈Let's not + 동원〉 : ~하지말자

***Let's**로 시작하는 문장을 '청유문' 또는 '제안문'이라고 합니다.

훈련문제 **46** 우리나라 말에 맞도록 적어봅시다.

1   노래 부르자.(sing a song)   _____

2   수영하러가자.(go swimming)   _____

3   떠들지 말자.(make a noise)   _____

4   컴퓨터 게임하자.(play computer games)   _____

5   축구하자.(play soccer)   _____

6   여기서 수영하자.(swim here)   _____

7   열심히 공부하자.(study hard)   _____

8   뭐라도 먹자.(eat something)   _____

9   서두르자.(hurry)   _____

10   길 건너자.(cross the street)   _____

11   서로 돕자.(help each other)   _____

12   자러가자.(go to bed)   _____

13   밖에 나가지 말자.(go out)   _____

14   모이지 말자.(get together)   _____

15   여기서 소리치지 말자.(shout here)   _____

제안의 4가지 표현

1. 〈Let's + 동원〉 : ~하자

    Let's play computer games.

2. 〈Shall we + 동원~ ?〉 : ~할까요?

    Shall we play computer games?

3. 〈Why don't we + 동원~ ?〉 : ~하지 않을래요?

    Why don't we play computer games?

4. 〈How(What) about ~ing?〉 : ~하는 것이 어떨까요?

    How(What) about playing computer games?

    ▶about은 전치사이므로 뒤에 동명사(~ing)형태로 바꾸어야 합니다.

▮훈련문제▮ 47 다음 제시된 문장과 같은 의미를 가지는 문장을 3가지씩 쓰시오.

1   Let's go swimming.

_____

_____

_____

2   Let's eat something.

   _____

   _____

   _____

3   Let's study here.

   _____

   _____

   _____

4   Let's rest under the tree.

   _____

   _____

   _____

5   Let's play soccer.

   _____

   _____

   _____

틈틈이 단어정리

- rest (v) 휴식하다
- under the tree 나무 아래서

부가의문문

문장의 종류에는 긍정문과 부정문, 평서문과 의문문 등이 있습니다.

not(또는 부정문을 만드는 요소)이 있느냐에 따라서 긍정문인지 부정문인지가 결정 나고, 질문하는 문장인지 아닌지에 따라서 평서문과 의문문이 가려집니다. 다시 말해, '부정문'의 대비되는 개념으로 '긍정문', '의문문'의 대비되는 개념으로 '평서문'인 것입니다.

보통의 의문문(간접의문문일 때는 제외)은 주어와 동사의 순서를 바꿈으로써 만듭니다.(앞에서 분명히 배웠습니다!) 그런데 '부가의문문'이란 평서문을 어순 등을 바꾸지 않고 그대로 의문문으로 바꾸어 버리는 무시무시한 놈입니다. 우리나라 말로 예를 들어보지요.

넌 바보다.

평서문입니다. 문장 끝에 뭔가를 하나 붙여 보겠습니다.

넌 바보다. 그렇지?

대답하기 참 난감하긴 하지만 의문문이 되었죠? 여기서 '그렇지?'가 바로 부가의문문 역할을 하는 것입니다. 공식적인 부가의문문을 만드는 방법은 처음에는 복잡한 것 같이 느껴집니다. 실제로도 다소 복잡하긴 합니다. 하지만 기본적인 원칙만 이해해 두고 몇 번만(한 200번 정도-.-;;) 연습하면 자기 것이 된답니다. 그 원칙을 정리하겠습니다.

1. 긍정은 부정으로, 부정은 긍정으로
2. be동사/조동사는 그대로, 일반동사는 do/does/did로
3. 대명사는 그대로, 일반명사는 대명사로 바꿔서

부가의문문 만들기

1. 부가의문문이란? 문장 끝에 붙어서 평서문을 의문문으로 만드는 말
2. 부가의문문 만드는 방법

   ① 긍정은 부정으로, 부정은 긍정으로

   You <u>are</u> my friend, **aren't** you?

   He <u>isn't</u> lazy, **is** he?

   ② be동사/조동사는 그대로, 일반동사는 do/does/did로

   He <u>can</u> do it, **can**'t he?

   He <u>studies</u> hard, **does**n't he?

   ③ 주어가 인칭대명사일 때는 그대로, 일반명사일 때는 대명사로

   <u>He</u> studies hard, doesn't **he**?

   <u>Sam</u> studies hard, doesn't **he**?

   ④ 명령문일 때는 : will you?/won't you?

   Open the door, will you?

   ⑤ 〈Let's~〉일 때는 : shall we?

   Let's get together, shall we?

• **부가의문문의 끝을 올릴 때와 내릴 때**

부가의문문은 끝을 내려 읽는 것이 보통입니다. 확신하고 있는 내용을 다시 확인하려는 의도가 내포된 것이죠. 끝을 올려서 읽는 경우도 있는 데 이때는 가볍게 상대의 동의를 유도해 내려는 문장이 됩니다.

① You need some rest, don't you? ↗

② You need some rest, don't you? ↘

① '넌 휴식이 필요해, 그렇지 않을까?'라며 상대방으로부터 'yes'의 대답을 기대.

② '넌 휴식이 필요해, 그렇지?'라며 잔소리 하지 말고 쉬도록 하라는 의미.

■훈련문제■ **48** 빈 칸에 알맞은 부가의문문을 쓰시오.

1   You are my friend, _____ ?

2   You aren't lonely, _____ ?

3   He is diligent, _____ ?

4   They are tired, _____ ?

5   It's my turn, _____ ?

6   She was really angry, _____ ?

7   He can come with us, _____ ?

8   Mary will visit her parents, _____ ?

9   You always get up early in the morning, _____ ?

10 They don't do their best, _____ ?

11 Sam wanted to see me, _____ ?

12 Sam and Sally went there, _____ ?

13 Your dog didn't eat anything today, _____ ?

14 There are a lot of mountains in Korea, _____?

15 You won't be late again, _____ ? ■ won't = will not의 줄임말

16 Pass me the salt, _____ ?

17 Let's get together, _____ ?

18 Jose came from Spain, _____ ?

19 This is interesting, _____ ?

20 This isn't boring, _____ ?

틈틈이 단어정리

- lonely (a)외로운
- diligent (a)부지런한, 근면한
- tired (a)피곤한
- my turn 내 순서(차례)
- visit (v)방문하다
- always (ad)항상
- get up (잠자리에서)일어나다
- do one's best 최선을 다하다
- want (v)원하다
- anything (p)(부정문에서)어떠한 것도, 아무것도
- a lot of~ 많은 = lots of~
- pass (v)건네주다, 통과하다
- get together 모이다
- interesting (a)재미있는
- boring (a)따분한

감탄문 만들기

우리나라 말에는 감탄문이라는 형식이 따로 존재하지는 않습니다. 그러나 영어에서는 감탄문의 독특한 어순이 존재합니다.

하지만 여기서도 복잡한 문법을 익히기에 앞서 감탄문을 접했을 때 다가오는 느낌을 먼저 건져낼 수 있어야 합니다. 가장 쉽게 감탄문을 사용하는 방법을 가르쳐 드리죠. **fast**로 감탄문을 만들어 볼까요? 복잡하게 생각할 것 없이 **How**를 붙이세요.

How fast! 정말 빠르네!

이렇게만 써도 훌륭한 감탄문이 됩니다. **pretty**로 감탄문을 만들어 볼까요?

How pretty! 너무 예쁘다!

그러면, **a pretty girl**(예쁜 소녀)로 감탄문을 만들어 볼까요? 이전과 다른 것은 형용사 뒤에 명사로 끝났다는 것입니다. 이때는 그냥 **What**을 붙이세요.

What a pretty girl!

fast cars로 감탄문을 만들어 볼까요? 명사로 끝났죠?

What fast cars! 정말 쉽죠?

160

*형용사로 감탄문을 만들려면 'how'를 붙이고,
*명사로 감탄문을 만들려면 'wha't을 붙입니다. 끝!

여기까지만 알면 감탄문은 더 이상 공부할 필요가 사실은 없습니다. 그런데 학교 시험에서는 평서문으로 쓰인 문장을 감탄문으로 만들라는 문제가 나오기 때문에 그 방법까지 알고 있어야 합니다. 일단 두 가지의 어순을 외웁시다. 감탄문은 How로 시작하는 것과, What으로 시작하는 것이 있습니다.

How형(주동)

What형명(주동)

아래 문장을 감탄문으로 바꿔 봅시다.

The house is very big.
　　S　　　V　　　　(a)

일단 중요한 단어는 **big**입니다. '크다'라는 것을 강조하려는 것이니까요. **big**은 형용사니까,

How big!

됐죠? 그 다음에 '어떠한 것이 크다'라는 것이 나와야겠죠? 예 '그 집'입니다.

How big the house is!
　　(a)　　S　　　V

이것이 아주 공식적인 감탄문의 모양입니다.

She is a very beautiful girl.
 S　V　　　　　(a)　　(n)

이 문장을 감탄문으로 바꿔 볼까요? 이 문장에서 중요한 것은 **a beautiful girl**입니다. 명사로 끝났죠? What a beautiful girl!입니다. 누가요? 뒤에 〈주어+동사〉를 붙이세요.

What a <u>beautiful</u> <u>girl</u> <u>she</u> <u>is</u>!
   (a) (n) S V

감탄문 만들기

1. 감탄문은 How나 What으로 시작합니다.

2. 어순을 암기합시다.

   〈How+형(주동)〉

   〈What+형명(주동)〉

3. 평서문을 감탄문으로

   <u>He</u> <u>is</u> very <u>handsome</u>. → How <u>handsome</u> <u>he</u> <u>is</u>!
    S V   (a)   (a) S V

   <u>He</u> <u>is</u> a very <u>smart</u> <u>boy</u>. → What a <u>smart</u> <u>boy</u> <u>he</u> <u>is</u>!
    S V   (a) (n)   (a) (n) S V

4. What으로 시작하는 감탄문을 사용할 때 주의 할 점!

   〈What형명주동〉에서 명사가 셀 수 있는 명사이면서 단수가 나올 때는 형용사 앞에 부정관사인 <u>**a**</u> 혹은 <u>**an**</u>을 붙입니다.

   What bright stars!

   What <u>**a**</u> bright star!

• 습관적으로 쓰는 감탄문

입버릇처럼 튀어 나오는 감탄문이 있습니다.

What a man! 그 사람 참~!
▶ 이 경우에는 아주 어이없을 때나, 혹은 정말 감탄할 때도 쓸 수 있습니다.

What a surprise! 정말 놀랄 일이군! 웬 일이니!

What a pity! 너무 불쌍해!

What a!

What the! 도대체!
▶ 이 표현도 영화에서 자주 들을 수 있습니다. 무슨 말을 할지 막막하고 기가 찰 때 합니다.

▌훈련문제▌ **49** 다음 단어를 사용하여 감탄문을 만들어 봅시다.

1 cute → _____

2 lovely → _____

3 dangerous → _____

4 a good boy → _____

5 a strange sight → _____

6 bright stars → _____

7 fresh milk → _____

훈련문제 50 ( )안에 a 혹은 an을 집어넣거나 필요 없으면 ×표시를 하세요.

1. What _____ cute cat!

2. What _____ honest boy!

3. What _____ beautiful houses!

4. What _____ fresh air!

5. What _____ old man!

6. What _____ pretty ladies!

7. What _____ good boys!

훈련문제 51 다음 문장을 감탄문으로 고쳐봅시다.

1. They are very diligent.

   → _____

2. The house is very beautiful.

   → _____

3. She is a very pretty actress.

   → _____

4   He runs very fast.

    → _____

5   Mary is so honest.

    → _____

6   Mary is a very honest girl.

    → _____

7   He dances very well.

    → _____

8   The party was so wonderful.

    → _____

9   It was so wonderful a party.

    → _____

10 The game was so exciting.

    → _____

틈틈이 단어정리

- cute (a)귀여운
- dangerous (a)위험한
- sight (n)광경
- bright (a)밝은
- fresh (a)신선한
- honest (a)정직한
- actress (n)(여자)배우
- exciting (a)흥미진진한

비인칭주어 it

'비인칭주어'라는 말이 어렵죠? 쉽게 말해서 '해석 안 하는, 모양만 내는 주어'라는 뜻입니다.

주로, 날씨나 날짜, 요일 등을 말할 때 습관적으로 주어자리에 쓰는 It을 가리킵니다.

It is warm. (그것은 더워가 아니라 그냥) 더워! (날씨)
It is June 4th. 6월4일이다.(날짜)
It is Sunday. 일요일이다.(요일)
It is far from here. 여기서 멀다.(거리)
It is dark. 어두워.(밝고 어두움)
It is summer. 여름이야.(계절)
It is 10 o'clock. 10시다.(시간)

학교시험에는 It의 정체를 구별하는 문제가 자주 나옵니다. 즉, It이 원래의 역할인 인칭대명사로 쓰이는지(이때의 It은 '그것'이라고 해석이 됩니다.), 아니면 비인칭주어로 쓰이는지를 파악하는 문제입니다.

It's my book. → 인칭대명사 : '그것'이라고 해석

비인칭 주어 it

1. 비인칭 주어란? : '그것'이라고 해석이 되지 않고, 형식적으로 주어의 자리를 차지하고 있는 주어를 의미합니다.

   ▶'그것'이라고 해석이 되면 인칭대명사

   It's cold. (날씨가) 추워. → 비인칭주어

   It's cold to drink. 그것은 마시기에 차가워. → 인칭대명사

2. 날씨, 계절, 거리, 명암, 시간 등을 나타낼 때 사용

훈련문제 52 다음을 해석하고, 밑줄 친 it이 '비인칭주어'인지 '인칭대명사'인지 구별하시오.

1 It's my book. _____

2 It's windy! _____

3 It's October 15th. _____

4 What day is it today? _____

5 What is it? _____

6 It's my job. _____

7 It's 2 kilometers to Busan. _____

8 It's bright in this room. _____

9 It's hot. So I can't touch it. _____

10 It's so cold today. _____

비교구문(기초)

형용사와 부사는 '비교급'과 '최상급'으로 변합니다. 동사가 과거, 과거분사로 변하는 3단변화와 혼동하지 않도록 합시다.

*원급은 형용사/부사의 원래 모양입니다.
　fast *빠른 / 빠르게*
*비교급은 형용사/부사가 다른 것과 비교될 수 있도록 변한 것입니다.
　faster *더 빠른 / 더 빠르게*
*최상급은 비교대상 중에서 최고의 것을 묘사할 수 있도록 변한 것을 말합니다.
　fastest *가장 빠른 / 가장 빠르게*

원급, 비교급, 최상급

1. 보통은 비교급에 ~er, 최상급에 ~est를 붙입니다.

원급	비교급(더 ~한)	최상급(가장 ~한)
slow 느린	slower 더 느린	slowest 가장 느린
fast 빠른/빨리	faster	fastest
long 긴	longer	longest
young 젊은, 어린	younger	youngest
old 나이 든	older	oldest
warm 따뜻한	warmer	warmest

2. 〈~모음하나+자음하나〉로 끝나는 단어에는 자음을 한 번 더 써줍니다.

원급	비교급(더 ~한)	최상급(가장 ~한)
hot 뜨거운	hotter	hottest
thin 얇은	thinner	thinnest
big 큰	bigger	biggest

3. 〈~자음+y〉로 끝나는 단어의 경우는 y를 i로 고칩니다.

원급	비교급(더 ~한)	최상급(가장 ~한)
happy 행복한	happier	happiest
early 이른, 일찍	earlier	earliest
lucky 운 좋은	luckier	luckiest

4. 비교적 긴 단어나 ful, less, ous, ive, ing등으로 끝나는 단어인 경우에는 비교급에 more를, 최상급에 most를 붙입니다.

원급	비교급(더 ~한)	최상급(가장 ~한)
useful 유용한	more useful	most useful
interesting 흥미로운	more interesting	most interesting
diligent 부지런한	more diligent	most diligent
famous 유명한	more famous	most famous
beautiful 아름다운	more beautiful	most beautiful
precious 귀중한	more precious	most precious

5. 형용사/부사 변화에도 불규칙변화가 있습니다.

원급	비교급(더 ~한)	최상급(가장 ~한)
good 좋은	better	best
well (ad)잘 (a)건강이 좋은	better	best
many 많은(수)	more	most
much 많은(양)	more	most
little 적은(양)	less	least
*few 적은(수) ▶규칙변화	fewer	fewest
bad 나쁜	worse	worst
ill 아픈	worse	worst
old 나이가 든	older	oldest (미) ▶규칙변화
old 나이가 든	elder	eldest (영)
far (거리가)먼/멀리 ▶far의 두 가지 비교급·최상급은 거의 의미 구분 없이 사용됩니다.	farther 더 먼/더 멀리	farthest (거리)가장 먼/가장 멀리
far (거리가)먼/멀리	further 더 심한/더 하게	furthest (정도)가장 심한/가장 심하게
late 늦은/늦게	later (시간이)더 늦은/나중에	latest 가장 늦은/최신의 ▶규칙변화
late 늦은/늦게	latter (순서가)더 뒤에	last 마지막에

• 외워서 적어봅시다!

원급	비교급(더 ~한)	최상급(가장 ~한)
good 좋은		
well (ad)잘/(a)건강이 좋은		
many 많은(수)		
much 많은(양)		
little 적은(양)		
*few 적은(수) ▶규칙변화		
bad 나쁜		
ill 아픈		
old 나이가 든		
far (거리가)먼/멀리		
late 늦은/늦게		

훈련문제 53 다음 형용사/부사의 비교급과 최상급을 적으시오.

1 slow   _____   _____

2 well   _____   _____

3 young   _____   _____

4 old   ① _____   _____
             ② _____   _____

5 interesting   _____   _____

6 ill   _____   _____

7 warm   _____   _____

8 hot   _____   _____

9 thin   _____   _____

10 big   _____   _____

11 much   _____   _____

12 happy   _____   _____

13 fast   _____   _____

14 early   _____   _____

15 useful   _____   _____

16 far   ① _____   _____

②_____   _____

17 diligent   _____   _____

18 tall   _____   _____

19 famous   _____   _____

20 cheap   _____   _____

21 precious   _____   _____

22 good   _____   _____

23 long   _____   _____

24 many   _____   _____

25 little   _____   _____

26 lazy   _____   _____

27 few   _____   _____

28 bad   _____   _____

29 lucky   _____   _____

30 late   ①_____   _____

②_____   _____

31 beautiful   _____   _____

훈련문제 54 주어진 단어를 사용하여 우리나라 말에 맞게 빈 칸을 채우시오.
▶필요하면 주어진 단어를 변형할 것.

1. 더 느린 자동차(slow)   a _____ car

2. 가장 느린 자동차(slow)   the _____ car

3. 더 좋은 방법(good)   a _____ way

4. 가장 좋은 방법(good)   the _____ way

5. 더 나빠.(bad)   It's _____

6. 가장 나빠.(bad)   It's the _____

7. 더 재미있는 책(interesting)   _____ books

8. 가장 재미있는 책(interesting)   the _____ book

9. 더 많은 사람들이 필요해.(many)   We need _____ people.

10. 내 형(old)   My _____ brother

11. 훨씬(더) 좋아.(good)   I feel _____

12. 마지막 기회(late)   the _____ chance

13. 가장 최근 뉴스(late)   the _____ news

14. 더 적은 (양의) 설탕(little)   _____ sugar

15. 더 좋은데.(good)   It's _____

16. 최고야!(good)   It's the _____!

17. 이제 그만!(더 이상 안 돼!)(far)   No _____!

173

형용사/부사의 비교급-최상급을 열심히 외웠다면 이제 구문을 익힐 차례입니다. 비교를 공부할 때 가장 중요한 것은 얼마나 많은 비교구문을 익혀 두었느냐에 있습니다. 이 비교구문은 읽을 때나 들을 때, 즉 수동적인 입장에서도 중요하지만 말할 때나 쓸 때, 즉 능동적으로 영어를 구사할 때도 아주 중요한 부분이기 때문에 많이 써 보고 익혀보고 말해봐야 합니다. 우선, 비교구문 중에 가장 기본적인 비교 구문에 대해 공부하도록 하겠습니다.

비교 기본 구문

1. 〈as 원급 as~〉 : ~만큼 … 한/하게

    You are as beautiful as a movie star. 너는 영화배우만큼 아름답다

2. 〈not as(so) 원급 as~〉 : ~만큼 … 하지 않은/하게

    You are not as smart as your brother.(be동사) 너는 네 형만큼 똑똑하진 않구나.
    He doesn't get up as early as you.(일반동사) 그는 너 만큼 일찍 일어나지 않아.

3. 〈비교급 than~〉 : ~보다 더 … 한/하게

    Superman can run faster than trains. 슈퍼맨은 기차보다 더 빨리 달린다.

4. 〈the 최상급~〉 : 가장 … 한/하게

    You are the tallest girl in my class. 너는 우리 반에서 가장 키가 큰 여자애다.
    He runs (the) fastest in my school. 그는 우리 학교에서 가장 빨리 달린다.
    ▶부사의 최상급을 쓸 때는 the를 붙이지 않지만, 미국에서는 붙이기도 합니다.

    *보통 최상급에서는 범위를 명시해 주는 것이 일반적입니다.

    in our class 우리 반에서
    in the world 세상에서
    of all 모두 중에서, 모든 것 중에서
    of the five 다섯 중에서

훈련문제 55 다음을 영작하시오.

1. My brother is tall.

   ① 내 형은 너 만큼 키가 크다. (you)

   ② 내 형은 너 만큼 키가 크지 않다.

   ③ 내 형은 너보다 키가 커.

   ④ 내 형이 가족 중에서 가장 키가 커. (in my family)

2. Mary is pretty.

   ① Mary는 Jane만큼 예뻐. (Jane)

   ② Mary는 Jane만큼 예쁘지 않아.

   ③ Mary는 Jane보다 예뻐.

   ④ Mary가 우리 반에서 가장 예뻐. (in my class)

3 This book is interesting.

① 이 책은 저 책 만큼 재미있어. *(that one)*

___

② 이 책은 저 책 만큼 재미있진 않아.

___

③ 이 책은 저 책보다 더 재미있어.

___

④ 이 책이 세상에서 가장 재미있어. *(in the world)*

___

4 Tom runs fast.

① Tom은 John만큼 빨리 달려. *(John)*

___

② Tom은 John만큼 빨리 달리지 못해.

___

③ Tom은 John보다 더 빨리 달려.

___

④ Tom이 셋 중에서 가장 빨리 달려. *(of the three)*

___

5 I get up early.

① 나는 너만큼 일찍 일어나지. *(you)*

_____

② 나는 너만큼 일찍 일어나진 못해.

_____

③ 나는 너보다 더 일찍 일어나지.

_____

④ 내가 열 명 중에서 제일 일찍 일어나지. *(of the ten)*

_____

6 This rock is big.

① 이 바위는 저 바위만큼 크다. *(that one)*

_____

② 이 바위는 저 바위보다 크지 않다.

_____

③ 이 바위는 저 바위보다 크다.

_____

④ 이 바위는 이 숲에서 제일 크다. *(in this forest)*

_____

기수와 서수

숫자를 세는 방법에는 기수와 서수 방식으로 나누어집니다.

기수는 보통 <u>하나, 둘, 셋, 넷…</u> 등으로 세는 것을 말하고, 서수는 <u>첫 번째, 두 번째, 세 번째</u>처럼 순서를 나타낼 때 쓰입니다. 영어에서는 기수를 쓸 때와 서수를 쓸 때가 정해져 있으므로 그 용법을 정확히 알아야 합니다. 우선은 숫자 자체를 쓸 수 있고 말할 수 있어야 하겠죠. 아래의 숫자를 완전히 외울 수 있도록 읽어 보고 써 봅시다.

*기수

▶ 왼쪽을 가리고 외워서 써 봅시다.

1	one	_____	_____	_____
2	two	_____	_____	_____
3	three	_____	_____	_____
4	four	_____	_____	_____
5	five	_____	_____	_____
6	six	_____	_____	_____
7	seven	_____	_____	_____
8	eight	_____	_____	_____

9	nine	_____	_____	_____
10	ten	_____	_____	_____
11	eleven	_____	_____	_____
12	twelve	_____	_____	_____
13	thirteen	_____	_____	_____
14	fourteen	_____	_____	_____
15	fifteen	_____	_____	_____
16	sixteen	_____	_____	_____
17	seventeen	_____	_____	_____
18	eighteen	_____	_____	_____
19	nineteen	_____	_____	_____
20	twenty	_____	_____	_____
21	twenty one	_____	_____	_____
22	twenty two	_____	_____	_____
30	thirty	_____	_____	_____
40	forty	_____	_____	_____
50	fifty	_____	_____	_____

60	sixty	_____	_____	_____
70	seventy	_____	_____	_____
80	eighty	_____	_____	_____
90	ninety	_____	_____	_____
100	hundred	_____	_____	_____

＊서수　　　　　▶왼쪽을 가리고 외워서 써 봅시다.

1st	first 첫 번째	_____	_____	_____
2nd	second 두 번째	_____	_____	_____
3rd	third	_____	_____	_____
4th	fourth	_____	_____	_____
5th	fifth	_____	_____	_____
6th	sixth	_____	_____	_____
7th	seventh	_____	_____	_____
8th	eighth	_____	_____	_____
9th	ninth	_____	_____	_____
10th	tenth	_____	_____	_____

11th	eleventh	_____	_____	_____
12th	twelfth	_____	_____	_____
13th	thirteenth	_____	_____	_____
14th	fourteenth	_____	_____	_____
15th	fifteenth	_____	_____	_____
16th	sixteenth	_____	_____	_____
17th	seventeenth	_____	_____	_____
18th	eighteenth	_____	_____	_____
19th	nineteenth	_____	_____	_____
20th	twentieth	_____	_____	_____
21st	twenty–first	_____	_____	_____
22nd	twenty–second	_____	_____	_____
30th	thirtieth	_____	_____	_____
40th	fortieth	_____	_____	_____
50th	fiftieth	_____	_____	_____
60th	sixtieth	_____	_____	_____
70th	seventieth	_____	_____	_____

80th eightieth _____ _____ _____

90th ninetieth _____ _____ _____

100th hundredth _____ _____ _____

기수와 서수의 용법 구분

구분	기수	서수
수 읽기	five days 5일 five boys 다섯 소년	
순서·등수 읽기		the fifth day 5번째 날 the fifth boy 5번째 소년
차례 말하기	chapter one 제1장	the first chapter 제1장
학년 말하기		the second grade 2학년
날짜 말하기	July four 7월4일	July fourth 7월4일
시계 읽기	ten thirty 10시30분	
분수 읽기		a tenth 10분의 1

*서수가 사용된 표현들

First come, first served. 선착순

Safety First 안전제일

at first 처음에는

come in first 1등으로 들어오다

for the first time 처음으로

every second day 하루걸러 (이틀에 한번)

▎훈련문제▎ 56 다음 숫자를 영어로 쓰시오.

▶기수가 사용되는 경우와 서수가 사용되는 경우를 주의하시기 바랍니다.

1   책 두 권   _____ books

2   두 번째 책   the _____ book

3   2번째 날   the _____ day

4   2일(이틀)   _____ days

5   3막   the _____ act

6   3막   Act _____

7   세계2차 대전   the _____ World War

8   세계2차 대전   the World War _____

9   5페이지   Page _____

10 5페이지   the _____ page

11 1학년   the _____ grade

12 2학년   the _____ grade

13 3학년   the _____ grade

14 1루(야구)   _____ base

    2루   _____ base

183

	3루	_____ base
15	1년	_____ year
16	첫 해	the _____ year
17	제1권	the _____ book
18	제1권	book _____

숫자 읽기

모든 언어에서 숫자 읽기는 어렵습니다. 숫자에 대해 자유자재로 말할 수 있다면 그 언어를 거의 정복한 것이나 다름없다고 할 수 있습니다.

숫자 또한 '느낌'입니다. '백'이라고 했을 때의 느낌, '만'이라고 했을 때의 느낌들을 영어로 된 숫자를 말할 때도 똑같이 느꼈으면 좋겠네요.

우리나라 사람도 숫자를 읽을 때, 특히 자릿수가 많은 경우에는 힘들어합니다. 끝에서부터 일, 십, 백, 천… 하며 자릿수를 먼저 파악하고 난 다음에 읽습니다. 그것도 틀리기 일쑤입니다. 하물며 외국어 숫자를 읽는 데 어렵지 않겠습니까. 그러니 꾸준히 열심히 연습하도록 합시다. 그런데 다행인 것은 조금만 연습하면 <u>영어 숫자읽기는 우리나라 숫자 읽기보다 열배 정도는 쉽다는 것입니다</u>. 자릿수를 나타내는 쉼표만 보면 한 번에 읽어낼 수 있기 때문입니다.

우선 천 단위 이하의 숫자를 읽어 낼 수 있어야 하겠습니다.

십 자리는 별수 없이 외워야 합니다. 앞서 정리한 기수 부분을 참고하십시오. 백 자리는 **hundred**를 붙이면 됩니다.

325 → three hundred (and) twenty five

그런데 천 자리 이상이 넘어가면 금방 배웠던 백 자리 숫자읽기가 계속 반복해서 나오게 됩니다. 굉장히 쉽습니다. 아래를 잘 보세요.

숫자 읽기의 기본

1	일	one
10	십	ten
100	백	a hundred
1,000	천	**a thousand**
10,000	만	ten thousand
100,000	십만	hundred thousand
1,000,000	백만	**a million**
10,000,000	천만	ten million
100,000,000	억	hundred million
1,000,000,000	십억	**a billion**

다음 숫자를 읽어보겠습니다.

4,567,396,398
→ four billion, five-hundred (and) sixty-seven million,
three-hundred (and) ninety-six thousand,
three-hundred (and) ninety-eight.
*물본 이렇게 긴 숫자를 단위까지 다 말하면서 읽지는 않습니다. 보통은 단 단위로 읽습니다.

• 주의해야할 숫자읽기

숫자 읽기는 우리나라 말이나 영어에서나 거추장스럽고 어렵습니다. 그래서 어떻게 하든지 간단히 읽으려고 하죠. 그래서 영어권에서는 자릿수를 두 자리로 끊어 읽는 버릇이 있습니다.

1,500

공식적으로 읽으면 **one thousand, five hundred**가 되겠지만 **fifteen hundred**라고 짧게 읽어버리기도 하기 때문에 주의해야 합니다. 그리고 우리나라 말에서 1억은 **a hundred million**입니다. 이건 외워두세요. 그리고 **billion**은 십억, 10billion이면 100억이 됩니다. 다소 헷갈릴 수 있으니 꼭 정리해 두도록 합시다.

▌훈련문제▌ **57** 다음을 영어로 쓰시오.

1 25 _____

2 500 _____

3 7,000 _____

4 8,000,000 _____

5 45,000,000 _____

6 9,000,000,000 _____

7 35,000,000,000 _____

8 2억 _____

9 3십억 _____

10 4백억 _____

시계 읽기

보통, 시계 읽는 방법은 아주 쉽습니다. 정각의 경우에는 보통 뒤에 **o'clock**을 붙입니다.

3시 → three o'clock

하지만 그냥 읽는 경우도 있습니다.

3시에 → at three

'몇 시 몇 분' 또한 있는 그대로 읽으면 됩니다.

10:30 → ten, thirty
12:15 → twelve, fifteen
3: 50 → three, fifty

그리고 습관적으로 읽는 방법도 알고 있어야 하겠습니다. 10시50분을 11시10분전이라고 읽는 것처럼 말입니다.

10:30을
thirty to(before) eleven(11시로 향하는 30분, 11시 30분 전)이라고 쓰기도 하고, thirty past(after) ten (10시 지난 30분)이라고도 합니다.
특히 30분을 half로 읽기도 하고, 15분은 a quarter로 읽기도 합니다.

훈련문제 58 다음 시각을 영어로 읽으시오.

보기   7 : 25
① seven twenty five
② twenty five past(after) seven

---

1   8 : 15

① _____

② a quarter _____

2   8 : 45

① _____

② a quarter _____

3   9 : 50

① _____

② _____ ten

4   10 : 09

① _____

② _____ ten

5 11 : 30

① _____

② half to _____

③ half past _____

6 11 : 55

① _____

② five _____

7 12 : 05

① _____

② five _____

8 1 : 25

① _____

② twenty-five _____

9 3 : 20

① _____

② twenty _____

분수 읽기

1. 분수 읽는 방법은 이 모양만 기억하면 됩니다.

   기
   ―――
   서(s)

   *화살표는 분자, 분모 순으로 읽는다는 것을 뜻 합니다. '기'는 기수, '서'는 서수를 뜻합니다. 괄호 안에 있는 **s**는 분자가 2이상일 때 분모에 **s**를 붙여주라는 뜻입니다. 예를 들어보지요.

   $$\frac{2}{3}$$

   의 경우 분자부터 기수로 읽고, 분모를 서수로 읽고, 분자가 2이상이니까 분모에다 **s**를 붙입니다. 즉 이렇게!

   two thirds

   쉽죠? 몇 가지는 아예 외우는 것이 좋습니다.

2. 외워야 할 분수

   $\frac{1}{2}$ a half = a(one) second

   $\frac{1}{4}$ a quarter = a(one) fourth

   *그러면 $\frac{3}{4}$ 의 경우는 **three quarters**라고 읽습니다.

훈련문제 **59** 다음의 분수를 영어로 읽으시오.

1 $\frac{1}{3}$ _____

2 $\frac{1}{4}$ _____ , _____

3 $\frac{3}{4}$ _____ , _____

4 $\frac{1}{2}$ _____ , _____

5 $\frac{7}{10}$ _____

6 $4\frac{3}{5}$ _____

연도 읽기

1. 연도는 기본적으로 두 자리씩 끊어서 읽습니다.

   1988 → 19 & 88 : nineteen eighty-eight

   1624 → 16 & 24 : sixteen twenty-four

2. 그런데 2000년이 되자 문제가 발생했죠.

   2002 → 20 & 02 : twenty two

   22와 구별이 안 되죠? 그래서 200× 년도만은 이렇게 읽기로 했답니다.

   2002 → two thousand - two

훈련문제 60 다음 연도를 영어로 읽으시오.

1 1446 _____ *훈민정음 창제

2 1592 _____ *임진왜란

3 1620 _____ *청교도의 북 아메리카 상륙

4 1914 _____ *세계 1차 대전 발발

5 1919 _____ *3.1운동

6 1939 _____ *세계 2차 대전 발발

7 1945 _____ *8.15 광복

8 1999 _____ *20세기의 마지막 해

9 2004 _____

10 2015 _____

날짜 읽기

날짜를 읽기 위해서는 우선 월(月)이름을 알아야 하겠죠. 우리는 1월, 2월, 3월…로 읽지만 영어에서는 일종의 고유명사처럼 사용합니다. 작심하고 외우지 않으면 헷갈리니까 꼭 정리하도록 하세요.

1월	January			
2월	February			
3월	March			
4월	April			
5월	May			
6월	June			
7월	July			
8월	August			
9월	September			
10월	October			
11월	November			
12월	December			

▶월 이름의 첫글자는 항상 대문자를 써야 합니다.

또한 앞에서 배운 서수를 알고 있어야 합니다. 여러 읽는 방법을 간추려 보면 대략 네 가지 정도로 요약이 됩니다.

1. 〈the서수+of+월이름〉
2. 〈월이름+the서수〉
3. 〈월이름+서수〉
4. 〈월이름+기수〉

예를 들어, 8월 15일을 읽을 때,

① the fifteenth (day) of August

② August the fifteenth

③ August fifteenth

④ August fifteen

▶ ①은 제일 격식을 많이 차린 표현이고, ④는 제일 비공식적인 표현입니다. ③이 제일 흔히 사용됩니다.

■훈련문제■ **61** 다음 날짜를 영어로 읽으시오.(③번 방식으로)

1 7월 27일 _____

2 5월 5일 _____

3 4월 3일 _____

4 11월12일 _____

5 12월25일 _____

6 My birthday is _____

중요한 표현들

시험에 잘 나오는 간단한 표현들을 정리해보았습니다. 반드시 외워두시고 입으로 연습하시기 바랍니다.

• **중요한 전화표현**

영어에서는 특이한 점이 한 가지 있습니다. 얼굴을 맞대고 대화할 때와 얼굴을 맞대지 않고 대화할 때 표현에 차이가 있다는 것입니다. 전화나 채팅은 얼굴을 맞대지 않고 대화하는 대표적인 경우이죠.(닫힌 문을 사이에 두고 대화하는 것도 포함됩니다.) 이때는 일반적인 표현과 차이가 있으므로 정리해 둡시다.

누구니?	Who are you?	얼굴을 맞대고
	Who is this?	얼굴을 맞대지 않고
나는 Tom입니다.	I am Tom.	얼굴을 맞대고
	This is Tom.	얼굴을 맞대지 않고

위와 같이 다르게 쓰이므로 사용할 때 실수가 없도록 해야겠죠?

전화표현 정리

Who's calling? / Who's this? 누구세요?

This is ~ (speaking). 저는 ~입니다.

Is ~ there? ~가 있습니까?

May I speak to ~ ? ~와 통화할 수 있을까요?

(S)He is not in. / (S)He is out. 지금 없습니다.

This is s(he) speaking. 접니다.

You've got the wrong number. 잘못 거셨습니다.

May I take your message? 메시지 남기시겠습니까?(제가 메시지를 받아도 될까요?)

May I leave a message? 메시지 좀 전해주시겠어요?(메시지 남겨도 될까요?)

Hold on, please. 끊지 말고 기다리세요.

May I have your name, please? 이름이 어떻게 되시죠?

Thank you for calling. 전화 주셔서 감사합니다.

Hang up. 전화를 끊다.

길묻기/안내 표현 정리

Can you tell me how to get to ~? ~로 가는 방법 좀 말해 주실래요?

Can you show me the way to~? ~로 가는 길 좀 보여주실래요?

How do I get to ~? ~로 어떻게 가죠?

Where is ~? ~가 어디에요?

How far is it from here? 여기서 얼마나 멀어요?

It will take 5minutes. 5분 걸려요.

Go straight this street. 이 길로 쭉 직진하세요.

Turn right. 우회전하세요.

Turn left. 좌회전하세요.

It's on your right. 오른편에 있어요.

It's on your left. 왼편에 있어요.

It's across the street. 맞은편에 있어요.

It's next to~. ~옆에 있어요.

You can't miss it. 쉽게 찾으실 거예요.

기타 중요한 표현들

*go ~ing : ~하러 가다

　go shopping 쇼핑하러 가다

　go fishing 낚시하러 가다

　go swimming 수영하러 가다

*뭐라고요?, 다시 한 번 말씀해 주시겠습니까? ▶상대방이 한 말을 잘 못 들었을 때 쓰는 표현

I'm sorry?

Sorry?

Pardon me?

I beg your pardon?

Excuse me?

　▶위 표현들을 끝을 내려서 말하면 모두 '용서해 주세요', '실례합니다'라는 의미가 됩니다.

*Thank you 에 대한 대답들 : ~천만에요.

　You're welcome.

　No problem./No sweat.

　Don't mention it.

　Nothing.

　My pleasure.

*조심해!

　Watch out!

　Look out!

　Be careful!

　*Watch your step! 발 조심해!

훈련문제 62 우리나라 말의 의미에 맞게 빈 칸을 영어로 채우시오.

1. *(전화로)* 누구세요?   Who's _____?

2. *(전화로)* 전 Tom이에요.   _____ Tom speaking.

3. *(전화로)* Mary 있나요?   Is Mary _____?

4. *(전화로)* Mary와 통화할 수 있을까요?   May I _____ Mary?

5. *(전화로)* 지금 없는데요.   She is not _____.

6. 전화 잘못 하셨습니다.   You've _____.

7. 메시지 남겨드릴까요?   May I _____ your message?

8. 메시지 남겨도 될까요?   May I _____ my message?

9. 끊지 마세요.   _____ on.

10. 성함이 어떻게 되시죠?   May I _____, please?

11. 전화주셔서 감사합니다.   Thank you for _____.

12. 시청 가는 길 좀 알려주세요.

    Can you tell me how to _____ the City Hall?

    Can you show me the _____ the City Hall?

    How do I _____ the City Hall?

    _____ is the City Hall?

199

13 여기서 얼마나 멀어요? _____ is it from here?

14 버스로 10분 정도 걸려요.   It will _____ 10 minutes by bus.

15 이 길로 죽 직진하세요.   Go _____ this street.

16 우회전/좌회전 하세요.   _____ right/left.

17 맞은편에 있어요.   It's _____ the street.

18 주유소 옆에 있어요.   It's _____ a gas station.

19 쉽게 찾을 거예요.   You _____.

20 그는 어제 낚시하러 갔다.   He _____ yesterday.

21 수영하러 갑시다!   Let's _____.

22 뭐라고요?   I _____ your _____?

23 천만에요.(Thank you에 대한 대답)   Don't _____.

　　　　　　　　　　　　　　　　 = My _____.

24 조심해요!   Watch _____!

　　　　　 = Be _____!

200

나라이름/사람이름/언어이름

나라이름은 꼭 영어공부를 위해서가 아니라, 상식적인 차원에서도 알고 있어야 합니다. 나라이름을 외울 때는 반드시 나라이름과 함께 그 형용사 형태, 언어이름, 그 나라 사람을 같이 외워 두어야 합니다.

*나라이름 : 한국 → Korea
*형용사 형태 : 한국의~ → Korean
*사람 : 한국사람 → a Korean, Koreans
*언어 : 한국어 → Korean

이렇게 네 가지를 같이 외워야 한다는 것입니다. 대부분의 경우는 형용사 형태와 나라사람, 그 언어 이름이 같습니다.

중요한 나라이름, 사람이름, 언어이름

나라이름	형용사형태/사람	언어
China 중국	Chinese 중국의~, 중국인	Chinese 중국어
Japan 일본	Japanese 일본의~, 일본인	Japanese 일본어
England 영국	English 영국의~, 영국인	English 영어
America 미국	American 미국의~, 미국인	-
Germany 독일	German 독일의~, 독일인	German 독일어
France 프랑스	French 프랑스의~, 프랑스인	French 프랑스어
Italy 이탈리아	Italian 이탈리아의~, 이탈리아인	Italian 이탈리아어
Switzerland 스위스	Swiss 스위스의~, 스위스인	-
Australia 호주	Australian 호주의~, 호주인	-
Rome 로마	Roman 로마의~, 로마인	-

*위 표의 나라들은 상식적으로도 알고 있어야 합니다. 나머지 나라들은 사전을 통하거나 지식검색을 통해서 알아보세요.

*언어가 없는 것은 그 나라만의 고유한 언어가 없는 경우입니다. 예를 들어 로마에서는 이탈리아어를, 호주에서는 영어를, 스위스에서는 독일어를 주로 사용합니다.

'나는 한국사람 입니다.'를 영작할 때,
'I am Korean.' 이 맞을까요? 'I am a Korean.'이 맞을까요?

둘 다 맞습니다. I am Korean. 할 때의 Korean은 형용사이고, I am a Korean.할 때의 Korean은 한국사람 이라는 명사입니다. 결국은 같은 뜻이며, 둘 다 쓰이고, 둘 다 맞습니다.

● 영국의 특별한 이름들

영국은 원래 네 개의 왕국으로 이루어진 나라라고 합니다.

England 잉글랜드   Wales 웨일즈   Scotland 스코틀랜드   Northern Ireland 북아일랜드

이 네 나라를 통틀어서,

The United Kingdom of Great Britain and Northern Ireland

라고 부릅니다. 너무 길죠? 굳이 해석하자면 '대브리튼섬과 북 아일랜드의 연합왕국'정도가 되겠군요. 줄여서

The United Kingdom

이라고도 하는데, 우리나라 말로 흔히 '대영제국'이라고 번역되는 표현입니다. 더 줄여서 U.K 라고 부릅니다. 그리고, 네 나라 중 Northern Ireland를 제외한 세 나라를 가리켜,

Great Britain

이라고 하는데요, 줄여서 그냥 Britain이라고 부릅니다. 모두다 Britain섬 안에 있기 때문인 것 같습니다. 우리가 흔히 말하는 신사의 나라 영국은 그 중에서 England를 말합니다.

England

그러니까 UK, Britain, England 가 모두 영국을 뜻하는 표현들이긴 하지만 엄밀히는 모두 다른 영국을 말하고 있습니다. 복잡하죠?

● 미국(America)의 다른 이름들

미국은 엄청난 넓이의 나라입니다. 따라서 그 넓은 나라를 하나의 정부가 관리하기에는 힘이 들겠죠. 그래서 미국은 일정한 크기를 나누어서 따로 관리합니다. 그것을 'State'라고 합니다. 우리나라 말로는 '주'라고 하죠. 미국은 이 'State'들이 연합하여 이루어진 나라입니다. 그래서 미국을 이렇게 부릅니다.

United States of America

즉, 굳이 해석하자면 '연합된 미국의 주 정부들' 정도겠죠. 더 줄여서 우리가 흔히 말하는 'U.S.A'가 되는 것입니다.

훈련문제 **63** 다음 빈 칸을 영어로 채우시오.

▶위에서 설명하지 않은 나라는 사전이나 인터넷을 이용, 찾아서 적어 봅시다.

	나라이름	형용사형태/나라사람	언어
1 한국			
2 중국			
3 일본			
4 미국			
5 독일			
6 프랑스			
7 이탈리아			
8 로마			*이탈리아어 사용
9 스위스			*주로 독일어 사용
10 호주			*영어사용
11 캐나다			*영어, 불어사용
12 브라질			*포르투칼어 사용
13 스페인			
14 인도			
15 러시아			
16 멕시코			

▶그 외 나라들도 위와 같이 조사해 봅시다.

문법훈련소 기초1을 마치며…

내게서 영어를 배우는 우리 집 아이가 알파벳을 다 알면 영어를 다 배운 것이냐고 묻더군요. 저는 우리 아이에게 알파벳을 다 알면 그 때부터 '시작'이라고 말해 줬죠.
혹시 문법훈련소 시리즈를 다 떼면 영어공부를 다 했다라고 생각하는 사람이 있다면, 안됐지만 그때부터 '시작'이라고 말씀드리고 싶습니다. 여러분들이 지금까지 공부한 것은 '뼈대'에 불과하기 때문입니다.
이제부터는 거기다 '살'을 붙여야 합니다. 그것을 위해서는 **많이 듣고, 많이 읽고, 많이 말해야 합니다.** 그 모든 일의 기본 골격이 되는 것이 지금까지 여러분이 공부하신 문법훈련소의 내용인 것입니다.
문법훈련소 시리즈를 모두 공부했다면, 그 이상의 어려운 문법은 공부하지 마십시오. 그럴 필요도 없고 그럴 시간도 없을 것입니다.

이제는 문법에서 자유로워지십시오. 영어는 언어입니다. 언어는 문법에 구속되지 않습니다.

문법훈련소 기초 1
해답편

문법훈련소 기초1 해답편

▎훈련문제▎ 1

1 나는 너를 좋아해. I like **you.**
2 나는 너의 개를 좋아해. I like **your** dog.
3 너는 나를 사랑해. You love **me.**
4 너는 나의 컴퓨터를 좋아해.
  You like **my** computer.
5 Mike는 그들을 싫어해. Mike hates **them.**
6 Mike는 그들의 선생님을 싫어해.
  Mike hates **their** teacher.
7 그녀는 Susan을 알아. She knows **Susan.**
8 그것은 Susan의 공책이야.
  It's **Susan's** notebook.
9 이 사람은 그녀의 남자형제야.
  This is **her** brother.
10 Jane은 그들과 함께 학교에 간다.
   Jane goes to school with **them.**
11 이 책은 너의 것이 아니야.
   This book is not **yours.**
12 난 그의 아버지를 몰라.
   I don't know **his** father.
13 나는 그를 아주 많이 좋아해.
   I like **him** very much.
14 이 연필은 그들의 것이야.
   These pencils are **theirs.**
15 여기는 우리의 집이야. This is **our** house.
16 그들은 우리를 믿는다. They believe **us.**
17 이 책들은 우리의 것이야.
   These books are **ours.**
18 이것은 내 MP3 player야. (그것의) 소리가 좋아.
   This is my MP3 player. **Its** sound is good.
19 그것을 아주 많이 좋아해. I like **it** very much.

▎훈련문제▎ 2

① Flowers ② **A dog** ③ **John** ④ My parents
⑤ **The city** ⑥ **He** ⑦ They ⑧ **Your father**
⑨ You and your sister ⑩ **His book**

▎훈련문제▎ 3

1 I **am** happy. *해석: **나는 행복하다.**
2 We **are** friends. *해석: **우리는 친구다.**
3 He **is** my teacher.
  *해석: **그는 나의 선생님이다.**
4 You **are** very tall. *해석: **너는 매우 키가 크다.**
5 She **is** short. *해석: **그녀는 키가 작다.**
6 It **is** my pet. *해석: **그것은 나의 애완동물이다.**
7 They **are** in the classroom.
  *해석: **그들은 교실에 있다.**
8 Sally **is** crazy. *해석: **Sally는 미쳤다.**
9 My parents **are** nice to me.
  *해석: **내 부모님은 내게 잘해주신다.**
10 Susan and Tom **are** diligent.
   *해석: **Susan과 Tom은 부지런하다.**
11 The flower **is** very pretty.
   *해석: **그 꽃은 매우 예쁘다.**
12 My dogs **are** too ugly.
   *해석: **내 강아지들은 너무 못생겼다.**
13 My favorite game **is** StarCraft.
   *해석: **나의 가장 좋아하는 게임은 스타크래프트다.**
14 Your friend **is** lazy.
   *해석: **너의 친구는 게으르다.**
15 His friends **are** smart.
   *해석: **그의 친구들은 영리하다.**
16 The bus **is** so dirty.
   *해석: **그 버스는 너무 더럽다.**
17 This **is** my book. *해석: **이것은 나의 책이다.**

18 These __are__ my pets.
    *해석: __이것들은 나의 애완동물들이다.__
19 That __is__ my tree. *해석: __저것은 나의 나무다.__
20 Those __are__ birds. *해석: __저것 들은 새다.__

▌훈련문제▌ 4

1 __I(주어)__ __run(동사)__.
2 __I(주어)__ __like(동사)__ you.
3 __He(주어)__ __plays(동사)__ the violin.
4 __My father(주어)__ __loves(동사)__ me.
5 __I(주어)__ __am(동사)__ hungry.
6 __You(주어)__ __are(동사)__ my friend.
7 __A big mouse(주어)__ __is(동사)__ my favorite food.
8 __Your brother(주어)__ __hates(동사)__ me.
9 __This(주어)__ __is(동사)__ my place.
10 __It(주어)__ __is(동사)__ my dog.

▌훈련문제▌ 5

1 I (__play__, plays) the piano.
2 We (__play__, plays) the piano.
3 You (__play__, plays) the piano.
4 He (play, __plays__) the piano.
5 She (play, __plays__) the piano.
6 They (__play__, plays) the piano.
7 Susan (play, __plays__) the piano.
8 You (__help__, helps) me.
9 They (__help__, helps) me.
10 She (help, __helps__) me.
11 Mary (help, __helps__) me.
12 They (__help__, helps) me.
13 I (__like__, likes) my pet.
14 You (__like__, likes) my pet.
15 My mother (like, __likes__) my pet.
16 My parents (__like__, likes) my pet.
17 Your sister (like, __likes__) my pet.
18 Your sisters (__like__, likes) my pet.
19 Jack (like, __likes__) my pet.
20 Jack and Susan (__like__, likes) my pet.
21 I (__go__, goes) to school.
22 You (__go__, goes) to school.
23 He (go, __goes__) to school.
24 She (go, **goes**) to school.
25 It (run, __runs__) away.
26 The car (run, __runs__) away.
27 The cars (__run__, runs) away.

▌훈련문제▌ 6

1 come 오다   → __comes__
2 stay 머무르다   → __stays__
3 touch 만지다   → __touches__
4 get 얻다, 움직이다   → __gets__
5 cry 울다   → __cries__
6 hold 붙잡다   → __holds__
7 buy 사다   → __buys__
8 teach 가르치다   → __teaches__
9 do ~하다   → __does__
10 lie 거짓말하다   → __lies__
11 fix 고치다, 고정하다 → __fixes__
12 wash 씻다   → __washes__
13 study 공부하다   → __studies__
14 have 가지다   → __has__
15 pass 건네주다   → __passes__
16 watch 보다   → __watches__

▌훈련문제▌ 7

1 He __studies__ English everyday.
2 We __like__ you very much.
3 They __play__ computer games too much.
4 She __buys__ food at the store.
5 John __runs__ fast.

6 Sally **has** a dog.
7 My parents **work** hard.
8 A bird **flies** in the sky.
9 Susan and Mike **walk** along the street every morning.
10 My dog **loves** me.
11 Mr. Kim **goes** to church on Sundays.
12 A baby **cries** when he is alone.
13 Your brother **does** his homework.
14 My son **washes** my car for me.
15 My daughter **watches** TV too much.
16 Mr. Smith **teaches** English to us.
17 Harry **helps** his mother in the kitchen.
18 I **know** your name.
19 She **gives** me something to eat.
20 Helen **wants** more money to buy something.
21 The bus **stops** at the stop.
22 They **begin** their work at 6 in the morning.
23 He **drinks** much water.
24 Michael Jackson **dances** very well.
25 My mother **reads** many books to me.
26 Susan **writes** a lot of letters to him.
27 They **eat** a lot of fruits.
28 The earth **moves** round the sun.

▌훈련문제▌ 8

1 You are happy. → **You're happy.**
2 He is an English teacher. → **He's an English teacher.**
3 They are your friends. → **They're your friends.**
4 Mike is not very tall. → **Mike isn't very tall.**
5 This is not my dog. → **This isn't my dog.**
6 There is lots of food. → **There's lots of food.**
7 I am in your room. → **I'm in your room.**
8 They are not diligent. → **They aren't diligent.**
9 You are not American. → **You aren't American.**
10 He is not a fireman. → **He isn't a fireman.**
11 It is my book. → **It's my book.**
12 It is not my toy. → **It isn't my toy.**
13 I am not your friend. → **I'm not your friend.**

▌훈련문제▌ 9

1 You are happy.
   → You **are not(또는 aren't) happy.**
2 He is an English teacher.
   → He **is not(또는 isn't)** an English teacher.
3 They are your friends.
   → They **are not(또는 aren't)** your friends.
4 Mike is very tall.
   → Mike **is not(또는 isn't)** very tall.
5 This is my dog.
   → This **is not(또는 isn't)** my dog.
6 There is lots of food.
   → There **is not(또는 isn't)** lots of food.
7 I am in your room.
   → I **am not** in your room.
8 They are diligent.
   →They **are not(또는 aren't)** diligent.
9 You are American.
   →You **are not(또는 aren't)** American.
10 He is a fireman.
   →He **is not(또는 isn't)** a fireman.

▌훈련문제▌ 10

1 You like me.
   → You **don't like** me.
2 He reads your book.
   → He **doesn't read** your book.
3 The flower smells good.
   → The flower **doesn't smell** good.
4 My parents love me.
   → My parents **don't love** me.
5 You have a brother.

→ You don't have a brother.

6 Mr. Kim teaches English.
→ Mr. Kim doesn't teach English.

7 Betty does her homework.
→ Betty doesn't do her homework.

8 His sister likes the movie.
→ His sister doesn't like the movie.

9 She washes the dishes.
→ She doesn't wash the dishes.

10 He goes to school.
→ He doesn't go to school.

11 He studies English everyday.
→ He doesn't study English everyday.

12 We like you much.
→ We don't like you much.

13 Sally has a monkey.
→ Sally doesn't have a monkey.

14 Your baby cries.
→ Your baby doesn't cry.

15 He helps his mother.
→ He doesn't help his mother.

▌훈련문제▌ 11

1 저도 학생입니다. I am a student, too.

2 저도 학생이 아닙니다.
I am not a student, either.

3 그도 선생님입니다. He is a teacher, too.

4 그녀도 선생님이 아닙니다.
She is not a teacher, either.

5 나도 영화를 좋아해요. I like movies, too.

6 나도 영화를 좋아하지 않아요.
I don't like movies, either.

7 우리 부모님도 교회 가세요.
My parents go to school, too.

8 우리 부모님도 교회 가지 않아요.
My parents don't go to church, either.

9 그도 나를 좋아해요. He likes me, too.

10 그도 나를 좋아하지 않아요.
He doesn't like me, either.

▌훈련문제▌ 12

1 You are gentle. → Are you gentle?
Yes, I am.   No, I'm not.

2 He is an English teacher.
→ Is he an English teacher?
Yes, he is.   No, he isn't.

3 They are your friends.
→ Are they your friends?
Yes, they are.   No, they aren't.

4 Mike is very tall. → Is Mike very tall?
Yes, he is.   No, he isn't.

5 This is my dog. → Is this my dog?
Yes, it is.   No, it isn't.

6 There is lots of food. → Is there lots of food?
Yes, there is.   No, there isn't.

7 I am your partner. → Am I your partner?
Yes, you are.   No, you aren't.

8 They are diligent. → Are they diligent?
Yes, they are.   No, they aren't.

9 You are American. → Are you American?
Yes, I am.   No, I'm not.

10 He is a fire-fighter. → Is he a fire-fighter?
Yes, he is.   No, he isn't.

▌훈련문제▌ 13

1 You have a brother.
→ Do you have a brother?
Yes, I do.   No, I don't.

2 You live here.
→ Do you live here?
Yes, I do.   No, I don't.

3 He reads your book.
  → __Does he read__ your book?
  Yes, __he does.__   No, __he doesn't.__

4 They eat grass.
  → __Do they eat__ grass?
  Yes, __they do.__   No, __they don't.__

5 We play the piano well.
  → __Do we play__ the piano well?
  Yes, __we do.__   No, __we don't.__

6 My parents love me.
  → __Do my parents love__ me?
  Yes, __they do.__   No, __they don't.__

7 Mr. Kim teaches English.
  → __Does Mr. Kim teach__ English?
  Yes, __he does.__   No, __he doesn't.__

8 Betty does her homework.
  → __Does Betty do__ her homework?
  Yes, __she does.__   No, __she doesn't.__

9 His sister likes the movie.
  → __Does his sister like__ the movie?
  Yes, __she does.__   No, __she doesn't.__

10 She washes the dishes.
  → __Does she wash__ the dishes?
  Yes, __she does.__   No, __she doesn't.__

11 He goes to school.
  → __Does he go__ to school?
  Yes, __he does.__   No, __he doesn't.__

12 He studies English everyday.
  → __Does he study__ English everyday?
  Yes, __he does.__   No, __he doesn't.__

13 We like him very much.
  → __Do we like__ him very much?
  Yes, __we do.__   No, __we don't.__

14 Sally has a monkey.
  → __Does Sally have__ a monkey?
  Yes, __she does.__   No, __she doesn't.__

15 Your sister likes to take a walk.
  → __Does your sister cry__ to take a walk?

Yes, __she does.__   No, __she doesn't.__

16 He helps his mother.
  → __Does he help__ his mother?
  Yes, __he does.__   No, __he doesn't.__

17 The flower smells good.
  → __Does the flower smell__ good?
  Yes, __it does.__   No, __it doesn't.__

▌훈련문제▌ **14**

1 Tom has two cats.
  ① __Tom will have two cats.__
  ② __Tom is going to have two cats.__

2 She is late.
  ① __She will be late.__
  ② __She is going to be late.__

3 They do their homework.
  ① __They must do their homework.__
  ② __They have to do their homework.__

4 We are fifteen.
  ① __We will be fifteen.__
  ② __We are going to be fifteen.__

5 It rains.
  ① __It will rain.__
  ② __It is going to rain.__

6 He reads books quickly.
  ① __He can read books quickly.__
  ② __He is able to read books quickly.__

7 You play the piano.
  ① __You can play the piano.__
  ② __You are able to play the piano.__

8 The boy swims in the sea.
  ① __The boy can swim in the sea.__
  ② __The boy is able to swim in the sea.__

9 They solve the problems.
  ① __They can solve the problems.__
  ② __They are able to solve the problems.__

10 I get up early in the morning.

① I must get up early in the morning.

② I have to get up early in the morning.

11 You do your homework.

① You must do your homework.

② You have to do your homework.

12 She washes the dishes.

① She must wash the dishes.

② She has to wash the dishes.

13 They study hard.

① They must study hard.

② They have to study hard.

14 We help each other.

① We must help each other.

② We have to help each other.

▌훈련문제▌ 15

1 You can come here.

① You can't come here.

② Can you come here?

2 They can swim in the river.

① They can't swim in the river.

② Can they swim in the river?

3 He will be my husband.

① He won't be my husband.

② Will he be my husband?

4 You will open the door.

① You won't open the door.

② Will you open the door?

5 I must do the work.

① I must not do the work.

② Must I do the work?

6 He must go now.

① He must not go now.

② Must he go now?

▌훈련문제▌ 16

1 Tom has two cats.

① Tom will have two cats.

② Tom is going to have two cats.

③ Tom won't have two cats.

④ Is Tom going to have two cats?

2 She is late.

① She will be late.

② She is going to be late.

③ She won't be late.

④ She isn't going to be late.

⑤ Is she going to be late?

3 They do their homework.

① They must do their homework.

② They have to do their homework.

③ They must not do their homework.

④ They don't have to do their homework.

⑤ Do they have to do their homework?

4 We are fifteen.

① We will be fifteen.

② We are going to be fifteen.

③ Will we be fifteen?

④ Are we going to be fifteen?

5 It rains.

① It will rain.

② It is going to rain.

③ It won't rain.

④ It isn't going to rain.

⑤ Is it going to rain?

6 He reads books quickly.

① He can read books quickly.

② He is able to read books quickly.

③ He can't read books quickly.

④ He isn't able to read books quickly.

⑤ Can he read books quickly?

⑥ Is he able to read books quickly?

7 You play the piano.

① You can play the piano.
② You are able to play the piano.
③ You can't play the piano.
④ You aren't able to play the piano.
⑤ Can you play the piano?
⑥ Are you able to play the piano?

8 The boy swims in the sea.
① The boy can swim in the sea.
② The boy is able to swim in the sea.
③ The boy can't swim in the sea.
④ The boy isn't able to swim in the sea.
⑤ Can the boy swim in the sea?
⑥ Is the boy able to swim in the sea?

9 They solve the problems.
① They can solve the problems.
② They are able to solve the problems.
③ They can't solve the problems.
④ They aren't able to solve the problems.
⑤ Can they solve the problems?
⑥ Are they able to solve the problems?

10 I get up early in the morning.
① I must get up early in the morning.
② I have to get up early in the morning.
③ I must not get up early in the morning.
④ I don't have to get up early in the morning.
⑤ Must I get up early in the morning?
⑥ Do I have to get up early in the morning?

11 You do your homework.
① You must do your homework.
② You have to do your homework.
③ You must not do your homework.
④ You don't have to do your homework.
⑤ Do you have to do your homework?

12 She washes her hands.
① She must wash her hands.
② She has to wash her hands.
③ She must not wash her hands.
④ She doesn't have to wash her hands.
⑤ Does she have to wash her hands?

13 They study hard.
① They must study hard.
② They have to study hard.
③ They must not study hard.
④ They don't have to study hard.
⑤ Do they have to study hard?

14 We help each other.
① We must help each other.
② We have to help each other.
③ We must not help each other.
④ We don't have to help each other.
⑤ Do we have to help each other?

훈련문제 17

1 네 이름이 뭐냐? What is your name?
2 Mike는 언제 일어나니? When dose Mike get up?
3 너 누구야? Who are you?
4 어느 것이 네 가방이냐? Which is your bag?
5 네 것이 어느 것이지? Which is yours?
6 넌 언제 영어 공부하니?
   When do you study English?
7 그는 어디서 영어 공부하니?
   Where does he study English?
8 너는 왜 영어를 공부하니?
   Why do you study English?
9 네 생일이 언제야? When is your birthday?
10 어떻게 학교 가니? How do you go to school?
11 왜 늦었니? Why are you late?
12 뭐 하시는 분인가요?(직업이 뭐죠?)
   What do you do?
13 Susan은 어떻게 학교 가니?
   How does Susan go to school?
14 왜 민호는 지금 밖에 나가지 않지?
   Why doesn't Minho go out?
15 어떻게 지내?(공통으로 들어갈 의문사)

How　are you ?
　　How　is it going?
　　How　is everything?
16　왜 그렇게 슬퍼? _Why_　are you so sad?
17　무엇을 도와드릴까요? _What_ can I do for you?
18　무엇을 할 건가요? _What_ will you do?
19　여기가 어디야(내가 어디에 있는 거지)?
　　Where　am I?

▌훈련문제▌ 18

1　네 이름이 뭐냐? _What is_ your name?
2　Mike는 언제 일어나니? _When does_ Mike get up?
3　너 누구야? _Who are_ you?
4　어느 것이 네 가방이냐? _Which is_ your bag?
5　네 것이 어느 것이지? _Which is_ yours?
6　넌 언제 영어 공부하니?
　　When do　you study English?
7　그는 어디서 영어 공부하니?
　　Where does　he study English?
8　너는 왜 영어를 공부하니?
　　Why do　you study English?
9　네 생일이 언제야? _When is_ your birthday?
10　어떻게 학교 가니? _How do_ you go to school?
11　왜 늦었니? _Why are_ you late?
12　뭐 하시는 분인가요?(직업이 뭐죠?)
　　What do　you do?
13　Susan은 어떻게 학교 가니?
　　How does　Susan go to school?
14　왜 민호는 지금 밖에 나가지 않지?
　　Why doesn't　Minho go out?
15　어떻게 지내?(공통으로 들어갈 의문사)
　　How are　you ?
　　How is　it going?
　　How is　everything?
16　왜 그렇게 슬퍼? _Why are_ you so sad?
17　무엇을 도와드릴까요? _What can_ I do for you?

18　무엇을 할 건가요? _What will_ you do?
19　여기가 어디야(내가 어디에 있는 거지)?
　　Where am I?

▌훈련문제▌ 19

1　누가 축구를 제일 잘하지?
　　Who　plays soccer best?
2　누가 나를 사랑할까? _Who_ loves me?
3　무엇이 너를 괴롭혀? _What_ bothers you?
4　어느 것이 더 빠르게 움직이지?
　　Which　moves more quickly?
5　무엇이 너를 슬프게 해?
　　What　makes you so sad?
　= _Why_　are you so sad?
6　무엇이 너를 여기에 오게 했니?(여기 웬 일이야?)
　　What　brings you here?
　= _Why_　are you here?

▌훈련문제▌ 20

1　나이가 몇 살이죠? _How old_ are you?
2　얼마나 길죠? _How long_ is it?
3　그 자동차는 얼마나 빠르나요?
　　How fast　is the car?
4　얼마나 자주 여기 오나요?
　　How often　do you come here?
5　얼마나 많은 사과가 있나요?
　　How many　apples are there?
6　얼마나 많은 우유가 있나요?
　　How much　milk do you have?
7　여긴 얼마나 깊죠?
　　How deep　is here?
8　그 사람 키가 얼마나 크죠?
　　How tall　is he?
9　시간이 얼마나 있죠?
　　How much　time do you have?

10 형제가 얼마나 있죠?
   How many brothers do you have?
11 얼마나 오래 걸리나요?
   How long does it take?
12 그는 하루에 얼마나 많은 우유를 마시니?
   How much milk **does** he drink in a day?
13 그것은 얼마나 빨리 달리지?
   How fast does it run?
14 그는 얼마나 오래 살까요?
   How long is he going to live?
15 얼마나 자주 교회 가니?
   How often do you go to church?
   = **How many** times do you go to church?
16 그들은 얼마나 빠른 시일 안에 돌아올까요?
   How soon will they come back?

▌훈련문제▌ 21

1 이건 누구의 책이지? **Whose book** is this?
2 어느 게임을 원하니?
   Which game do you want?
3 무슨 색깔을 좋아하니?
   What(또는 Which) color do you like?
4 몇 시입니까? **What time** is it?
5 무슨 요일입니까? **What day** is it?
6 며칠 입니까? **What date** is it?
                = **What** 's the date?
7 저것은 누구의 우산입니까?
   Whose umbrella is that?
8 어느 것을 원해?
   Which one do you want?
9 무슨 종류의 운동을 좋아해?
   What kind(s) of sport do you like?
10 어느 방으로 들어가야 하지?
   Which room do I have to enter?
11 무슨 색으로 할까?
   What color do you want?

▌훈련문제▌ 22

1 come → **coming**   2 stay → **staying**
3 touch → **touching** 4 get → **getting**
5 cry → **crying**   6 hold → **holding**
7 buy → **buying**   8 teach → **teaching**
9 do → **doing**   10 lie → **lying**
11 fix → **fixing**   12 wash → **washing**
13 study → **studying** 14 have → **having**
15 pass → **passing** 16 watch → **watching**

▌훈련문제▌ 23

1 I listen to the radio.
   ① **I am listening to the radio.**
   ② **I am not listening to the radio.**
2 We watch the baseball game.
   ① **We are watching the baseball game.**
   ② **We are not watching the baseball game.**
3 He cleans his room.
   ① **He is cleaning his room.**
   ② **Is he cleaning his room?**
4 They cook food.
   ① **They are cooking food.**
   ② **Are they cooking food?**
5 She lies.
   ① **She is lying.**
   ② **She is not lying.**
6 My father makes a chair for me.
   ① **My father is making a chair for me.**
   ② **Is my father making a chair for me?**
7 My mother takes a walk.
   ① **My mother is taking a walk.**
   ② **My mother is not taking a walk.**
8 It rains.
   ① **It is raining.**
   ② **It is not raining.**

③ Is it raining?
9　You do your homework.
　　① You are doing your homework.
　　② You are not doing your homework.
　　③ Are you doing your homework?
10　I study math.
　　① I am studying math.
　　② I am not studying math.
11　My children swim in the pool.
　　① My children are swimming in the pool.
　　② Are my children swimming in the pool?

▌훈련문제▐ 24

1　무엇을 읽고 있니?　What are you reading?
2　그는 어디서 공부하고 있니?
　　Where is he studying?
3　그들은 무엇에 대해서 이야기하고 있니?
　　What are they talking about?
4　그 소녀는 왜 울고 있는 거지?
　　Why is the girl crying?
5　누가 정원에서 일하고 있는 거지?
　　Who is working in the garden?
6　넌 누구와 이야기하고 있는 거지?
　　Who(m) are you talking with?
7　그들은 어디로 가고 있니?
　　Where are they going?
8　Harry는 무엇을 하고 있니?
　　What is Harry doing?

▌훈련문제▐ 25

1　like　liked　　2　love　loved
3　study　studied　4　cry　cried
5　stay　stayed　　6　play　played
7　stop　stopped　 8　pet　petted
9　live　lived　　10　work　worked

11　try　tried　　12　wait　waited
13　invite　invited　14　look　looked
15　close　closed　16　solve　solved
17　watch　watched　18　need　needed
19　believe　believed　20　hug　hugged

▌훈련문제▐ 26

1　You are happy.
　　① You were happy.
　　② Were you happy?
　　　Yes, I was.　　No, I wasn't.
　　③ You were not happy.
2　He is an English teacher.
　　① He was an English teacher.
　　② Was he an English teacher?
　　　Yes, he was.　　No, he wasn't.
　　③ He was not an English teacher.
3　Susan is in the room.
　　① Susan was in the room.
　　② Was Susan in the room?
　　　Yes, she was.　　No, she wasn't.
　　③ Susan was not in the room.
4　There is lots of food.
　　① There was lots of food.
　　② Was there lots of food?
　　　Yes, there was.　　No, there wasn't.
　　③ There was not lots of food.
5　You like me.
　　① You liked me.
　　② Did you like me?
　　　Yes, I did.　　No, I didn't.
　　③ You didn't like me.
6　He reads your book.
　　① He read your book.
　　② Did he read your book?
　　　Yes, he did.　　No, he didn't.

③ He didn't read your book.
7　Mr. Kim teaches English.
　　① Mr. Kim taught English.
　　② Did Mr. Kim teach English?
　　　　Yes, he did.　　No, he didn't.
　　③ Mr. Kim didn't teach English.
8　Betty does her homework.
　　① Betty did her homework.
　　② Did Betty do her homework?
　　　　Yes, she did.　　No, she didn't.
　　③ Betty didn't do her homework.
9　He studies English.
　　① He studied English.
　　② Did he study English?
　　　　Yes, he did.　　No, he didn't.
　　③ He didn't study English.
10　Sally has a dog.
　　① Sally had a dog.
　　② Did Sally have a dog?
　　　　Yes, she did.　　No, she didn't.
　　③ Sally didn't have a dog.
11　We win the game.
　　① We won the game.
　　② Did we win the game?
　　　　Yes, we did.　　No, we didn't.
　　③ We didn't win the game.
12　Your sister cries in the room.
　　① Your sister cried in the room.
　　② Did your sister cry in the room?
　　　　Yes, she did.　　No, she didn't.
　　③ Your sister didn't cry in the room.
13　You bring my umbrella.
　　① You brought my umbrella.
　　② Did you bring my umbrella?
　　　　Yes, I did.　　No, I didn't.
　　③ You didn't bring my umbrella.
14　He makes a big pie.
　　① He made a big pie.

　　② Did he make a big pie?
　　　　Yes, he did.　　No, he didn't.
　　③ He didn't make a big pie.
15　He is reading a book.
　　① He was reading a book.
　　② Was he reading a book?
　　　　Yes, he was.　　No, he wasn't.
　　③ He was not reading a book.
16　You are jogging on the ground.
　　① You were jogging on the ground.
　　② Were you jogging on the ground?
　　　　Yes, I was.　　No, I wasn't.
　　③ You were not jogging on the ground.
17　They are playing the piano.
　　① They were playing the piano.
　　② Were they playing the piano?
　　　　Yes, they were.　　No, they weren't.
　　③ They were not playing the piano.

훈련문제 27

1　Isn't that true?
　　① Yes, it is.
　　② No, it isn't.
2　Aren't you hungry?
　　① Yes, I am.
　　② No, I'm not.
3　Doesn't he love her?
　　① Yes, he does.
　　② No, he doesn't.
4　Weren't you here last night?
　　① Yes, I was.
　　② No, I wasn't.
5　Couldn't you go to school?
　　① Yes, I could.
　　② No, I couldn't.
6　Don't you think of me?

① Yes, I do.
② No, I don't.

훈련문제 28

1 flower C   2 puppy C
3 ice U   4 sand U
5 wine U   6 head C
7 hair U   8 money U
9 coin C   10 flour U
11 gold U   12 eye C

훈련문제 29

1 a pencil → pencils   2 a bus → buses
3 a son → sons   4 a sister → sisters
5 a knife → knives   6 a wife → wives
7 a child → children   8 a man → men
9 a woman → women   10 a toy → toys
11 a sheep → sheep   12 a fish → fish
13 a bench → benches   14 an eye → eyes
15 this shoe → these shoes
16 that book → those books
17 a leaf → leaves   18 a foot → feet
19 a piano → pianos   20 a dish → dishes
21 a lady → ladies   22 a baby → babies
23 a roof → roofs   24 a Japanese → Japanese

훈련문제 30

1 much water   2 many people
3 many books   4 much salt
5 many leaves   6 much milk
7 many knives   8 many children
9 much sugar   10 much homework
11 many brothers   12 many sisters

13 much work   14 much bread
15 much cheese   16 many flowers
17 many trees   18 much wood
19 much wind   20 much light
21 many coins   22 much money
23 many desks   24 much air
25 much smoke   26 many cats
27 many dogs   28 many animals
29 many plants   30 much juice
31 much noise   32 many computers
33 many cars   34 much time
35 many times   36 many eyes
37 much power   38 much care
39 much cloth   40 many clothes

훈련문제 31

1 (①a ②some ③many) water
2 (①a ②many ③much) books
3 (①a ②many ③much) salt
4 (①a ②some ③much) leaves
5 (①a ②a lot of ③many) milk
6 (①a ② a lot of ③ many) knife
7 (①a ②many ③much) children
8 (①a ②a few ③a little) sugar
9 (①a ② many ③much) homework
10 (①a ②much ③many) brother
11 (①a ②a lot of ③much) sisters
12 (①many ②much ③a few) work
13 (①a ②a few ③a lot of) bread
14 (①some ②a few ③many) cheese
15 (①some ②much ③a) flowers
16 (①much ②a little ③many) trees
17 (①a ②many ③much) coin
18 (①a ②a few ③a lot of) money
19 (①a ②many ③much) desks
20 (①a ②a few ③a lot of) air

21 (①a ②a few ③**a little**) smoke
22 (①a ②**many** ③much) cats
23 (①a ②**many** ③much) dogs
24 (①a ②**a lot of** ③much) animals
25 (①a ②**a lot of** ③much) plants
26 (①**much** ②many ③a) juice
27 (①much ②**many** ③a) computers
28 (①much ②**many** ③a) cars
29 (①**much** ②many ③a) time
30 (①much ②**many** ③a) times
31 (①**some** ②much ③a) eyes
32 (①much ②**many** ③a) people

▌훈련문제▌ 32

1. **an** apple
2. **a** rabbit
3. **a** monkey
4. **an** orange
5. **an** hour
6. **a** hat
7. **an** umbrella
8. **a** piano
9. **an** MP3 player
10. **a** cat
11. **a** student
12. **an** English teacher
13. **a** book
14. **a** building
15. **a** city
16. **an** ice cream
17. **a** friend
18. **an** egg
19. **a** tiger
20. **an** honest boy

▌훈련문제▌ 33

1. 전 (그냥) 학생입니다. I am **a** student.
2. 제가 바로 그 학생입니다. I am **the** student.
3. 당신은 선생님이신가요? Are you **a** teacher?
4. 당신이 그 선생님이신가요? Are you **the** teacher?
5. 사과 하나만 주세요. Give me **an** apple.
6. 탁자 위에 있는 그 사과 먹었어요?
   Did you eat **the** apple on the table.
7. 그 여자 분께서 오셨습니다. **The** lady came here.
8. 어떤 여자 분께서 오셨습니다. **A** lady came here.

9. 그 책들 가지고 왔니? Did you bring **the** books?
10. 읽을 책 하나만 주라. Give me **a** book to read.

▌훈련문제▌ 34

1. 필통에 연필이 한 개 있다.
   There is a pencil in the pencil case.
2. 교실에 두 명의 아이들이 있다.
   There are two children in the classroom.
3. 이 근처에 도서관이 있습니까?
   Is there a library around here?
   Yes, **there is,**
   No, **there isn't,**
4. 컵에 물이 많이 있다.
   There is a lot of water in the cup.
5. 냉장고에 주스가 많이 있습니까?
   Is there much juice in the refrigerator?
6. 그 부엌에는 칼이 없다.
   There is no knife in the kitchen.
7. 여기 누구 있어요?
   Is there anybody here?
8. 저기 나무 한 그루가 있었다.
   There was a tree over there.
9. 몇 가지 문제가 있다.
   There are some problems.
10. 문제가 있나요?
    Are there any problems?
11. 자동차 사고가 있었다.
    There was a car accident.
12. 두 권의 책이 책상 위에 있었나?
    Were there two books on the desk?
    Yes, **there were,**
    No, **there weren't,**
13. 저기에 큰 시계가 있었다.
    There was a big clock there.
14. 서랍 속에 총이 있었나?
    Was there a gun in the drawer?

Yes, **there was**,
No, **there wasn't**,

7 after (get up, **getting up**, to get up)
8 before (cook, **cooking**, to cook)

▌훈련문제▐ 35

1 방안에   **in** the room
2 10시에   **at** 10 o'clock
3 책상 위에(붙어서)   **on** the desk
4 책상 밑에   **under** the desk
5 책상 옆에   **by** the desk
6 책상 앞에   **before** the desk
7 택시 타고   **by** taxi
8 비행기타고   **by** plane
9 밤에   **at** night
10 내 생일에   **on** my birthday
11 내 집으로부터   **from** my house
12 점심식사 전에   **before** lunch
13 점심식사 후에   **after** lunch
14 4시에서 5시까지   **from** four **to** five
15 우리 집에서 학교까지 **from** my house **to** my school
16 정오에   **at** noon
17 3시에   **at** 3
18 여름에   **in** summer
19 2005년에   **in** 2005
20 성탄절에   **on** Christmas
21 서울로   **to** Seoul
22 어디서 오셨어요? Where are you **from**?
23 걸어서   **on** foot

▌훈련문제▐ 36

1 to (he, **him**)
2 from (I, **me**, my)
3 by (do, **doing**, done) it
4 for (she, **her**, he)
5 from (**going there**, go there, to go there)
6 after (**you**, your, I, my)

▌훈련문제▐ 37

1 그 꽃은 아름답다. The flower **is beautiful**,
2 그 다리는 길어. The bridge **is long**,
3 그 영화 재미있었어.
   The movie **was interesting**,
4 그 영화 재미있을 거야.
   The movie **will be interesting**,
5 그 영화 재미있니?(의문문)
   Is the movie **interesting**?
6 그 수학문제 어려워.
   The math problem **is difficult**,
7 그 수학문제들 어려웠어.
   The math problems **were difficult**,
8 그 사람들은 중요해. The people **are important**,
9 난 유명 했었어. I **was famous**,
10 난 유명하게 될 거야. I **will be famous**,

▌훈련문제▐ 38

1 그는 매우(very) 빨리(fast) 달린다.
   He runs **very fast**,
2 너무(too) 덥다(hot). It's **too hot**,
3 나는 아침에(in the morning) 일찍(early) 일어난다.
   I get up **early in the morning**,
4 나는 어제(yesterday) 여기(here) 왔다.
   I came **here yesterday**,
5 빨리(quickly) 집으로(home) 가자.
   Let's go **home quickly**,
6 지금 당장(right now) 여기로(here) 와.
   Come **here right now**,
7 그는 아주(very) 조심스럽게(carefully) 운전한다.
   He drives **very carefully**,
8 열심히(hard) 공부해(study)!

<u>Study hard!</u>

9 Tony는 작년에(last year) 여기(here) 살았어.
Tony lived <u>here last year.</u>

▌훈련문제▐ 39

1 His car is <u>fast.</u> <u>그의 차는 빠르다.</u>
2 He drives <u>fast.</u> <u>그는 빨리 운전한다.</u>
3 The meeting is <u>early.</u>
<u>그 회의는 이른 시간에 있다.</u>
4 I got here <u>early.</u> <u>난 여기에 일찍 도착했어.</u>
5 The river is too <u>deep.</u> <u>그 강은 너무 깊다.</u>
6 Dive <u>deep!</u> <u>깊이 잠수해!</u>
7 You are <u>late</u> for school. <u>너는 학교에 늦었어.</u>
8 The train arrived here <u>late.</u>
<u>그 기차는 여기에 늦게 도착했다.</u>
9 The surface is too <u>hard.</u>
<u>그 표면은 너무 딱딱하다.</u>
10 He always studies <u>hard.</u>
<u>그는 항상 열심히 공부한다.</u>
11 The problem is <u>hard</u> to solve.
<u>그 문제는 풀기 어렵다.</u>

▌훈련문제▐ 40

1 그는 항상 열심히 공부한다.
<u>He always studies hard.</u>
2 그녀는 항상 늦어요.
<u>She is always late.</u>
3 그들은 가끔 싸워요.
<u>They sometimes fight each other.</u>
4 Sam은 종종 수영하러 갑니다.
<u>Sam often goes swimming.</u>
5 나는 한 번도 숙제를 한 적이 없어.
<u>I never did my homework.</u>
6 나는 가끔 우울해요.
<u>I sometimes feel down.</u>

7 난 항상 옳아.
<u>I am always right.</u>
8 요즘 그녀를 거의 못 봐요.
<u>I seldom(또는 hardly) see her nowadays.</u>
9 그녀는 가끔 영화를 보러 가지요.
<u>She sometimes goes to movies.</u>
10 항상 당신을 사랑할거에요.
<u>I will always love you.</u>
11 그는 거의 책을 읽지 않아요.
<u>He seldom(또는 hardly) reads.</u>

▌훈련문제▐ 41

1 <u>Some balloons(S)</u> <u>float.(V)</u>
2 <u>Animals(S)</u> <u>need(V)</u> <u>water.(O)</u>
3 <u>Bob(S)</u> <u>is making(V)</u> <u>a snowman.(O)</u>
4 <u>Some balls(S)</u> <u>are(V)</u> <u>soft.(C)</u>
5 <u>Babies(S)</u> <u>are(V)</u> <u>small.(C)</u>
6 <u>Trees(S)</u> <u>need(V)</u> <u>a lot of water.(O)</u>
7 <u>I(S)</u> <u>want(V)</u> <u>some apples.(O)</u>
8 <u>Are(V)</u> <u>you(S)</u> <u>crazy?(C)</u>
9 Did <u>you(S)</u> <u>have(V)</u> <u>breakfast?(O)</u>
*Did는 의문문을 만드는 일종의 조동사입니다.
10 <u>I(S)</u> <u>don't know(V)</u> <u>him.(O)</u>

▌훈련문제▐ 42

1 be a movie star
→ <u>to be a movie star / being a movie star</u>
2 fly in the sky
→ <u>to fly in the sky / flying in the sky</u>
3 go abroad
→ <u>to go abroad / going abroad</u>
4 exercise regularly
→ <u>to exercise regularly / exercising regularly</u>
5 collect stamps
→ <u>to collect stamps / collecting stamps</u>

6 live in the country
→ to live in the country / living in the country
7 keep a diary
→ to keep a diary / keeping a diary
8 watch TV too much
→ to watch TV too much / watching TV too much
9 drink milk every day
→ to drink milk everyday / drinking milk everyday

훈련문제 43

1 영어를 말하는 것은 중요하다.
  To speak English is important.
  또는 Speaking English is important.
2 영화배우가 되는 것은 내 꿈이다.
  To be a movie star is my dream.
  또는 Being a movie star is my dream.
3 하늘을 나는 것은 불가능하다.
  To fly in the sky is impossible.
  또는 Flying in the sky is impossible.
4 해외로 가는 것은 쉽다.
  To go abroad is easy.
  또는 Going abroad is easy.
5 규칙적으로 운동하는 것은 건강에 좋다.
  To exercise regularly is good for health.
  또는 Exercising regularly is good for health.
6 내 취미는 우표를 수집하는 것이다.
  To collect stamps is my hobby.
  또는 Collecting stamps is my hobby.
7 시골에 사는 것은 불편하다.
  To live in the country is inconvenient.
  또는 Living in the country is inconvenient.
8 나는 일기 쓰는 것을 싫어한다.
  I hate to keep a diary.
  또는 I hate keeping a diary.
9 네 문제는 TV를 너무 많이 보는 것이다.
  Your problem is to watch TV too much.
  또는 Your problem is watching TV too much.

훈련문제 44

1 이것은 나의 책입니다. This is my book.
2 이것들은 나의 책입니다. These are my books.
3 이 책은 내 것입니다. This book is mine.
4 이 책들은 내 것입니다. These books are mine.
5 저것은 내 연필입니다. That is my pencil.
6 저것들은 내 연필입니다. Those are my pencils.
7 저 장난감은 네 것이야. That toy is yours.
8 저 장난감들은 네 것이야. Those toys are yours.
9 이 분은 나의 아버지이십니다. This is my father.
10 저 사람들은 내 학생들입니다. Those are my students.
11 이 사람들은 내 친구들입니다. These are my friends.

훈련문제 45

1 창문을 닫아라. Close the window.
2 네 눈을 감아라. Close your eyes.
3 일찍 자라. Go to bed early.
4 네 손 씻어라. Wash your hands.
5 네 머리 감아라. Wash your hair.
6 조용히 해. Be quiet. 또는 Keep quiet.
7 다른 사람에게 친절해. Be kind to others.
8 인내해라. Be patient.
9 진정해. Calm down.
10 빨리 달려. Run quickly.
11 (네) 눈 뜨지 마. Don't open your eyes.
12 떠들지 마. Don't make a noise.
13 여기서 수영하지 마. Don't swim here.
14 늦지 마. Don't be late.
15 수줍어하지 마. Don't be shy.
16 화내지 마. Don't be angry.

▎훈련문제▎ 46

1 노래 부르자. <u>Let's sing a song.</u>
2 수영하러가자. <u>Let's go swimming.</u>
3 떠들지 말자. <u>Let's not make a noise.</u>
4 컴퓨터 게임하자. <u>Let's play computer games.</u>
5 축구하자. <u>Let's play soccer.</u>
6 여기서 수영하자. <u>Let's swim here.</u>
7 열심히 공부하자. <u>Let's study hard.</u>
8 뭐라도 먹자. <u>Let's eat something.</u>
9 서두르자. <u>Let's hurry.</u>
10 길 건너자. <u>Let's cross the street.</u>
11 서로 돕자. <u>Let's help each other.</u>
12 자러가자. <u>Let's go to bed.</u>
13 밖에 나가지 말자. <u>Let's not go out.</u>
14 모이지 말자. <u>Let's not get together.</u>
15 여기서 소리치지 말자. <u>Let's not shout here.</u>

▎훈련문제▎ 47

1 Let's go swimming.
   <u>Shall we go swimming?</u>
   <u>Why don't we go swimming?</u>
   <u>How(What) about going swimming?</u>
2 Let's eat something.
   <u>Shall we eat something?</u>
   <u>Why don't we eat something?</u>
   <u>How(What) about eating something?</u>
3 Let's study here.
   <u>Shall we study here?</u>
   <u>Why don't we study here?</u>
   <u>How(What) about studying here?</u>
4 Let's rest under the tree.
   <u>Shall we rest under the tree?</u>
   <u>Why don't we rest under the tree?</u>
   <u>How(What) about resting under the tree?</u>
5 Let's play soccer.
   <u>Shall we play soccer?</u>
   <u>Why don't we play soccer?</u>
   <u>How(What) about playing soccer?</u>

▎훈련문제▎ 48

1 You are my friend, <u>aren't you</u>?
2 You aren't lonely, <u>are you</u>?
3 He is diligent, <u>isn't he</u>?
4 They are tired, <u>aren't they</u>?
5 It's my turn, <u>isn't it</u>?
6 She was really angry, <u>wasn't she</u>?
7 He can come with us, <u>can't he</u>?
8 Mary will visit her parents, <u>won't she</u>?
9 You always get up early in the morning, <u>don't you</u>?
10 They don't do their best, <u>do they</u>?
11 Sam wanted to see me, <u>didn't he</u>?
12 Sam and Sally went there, <u>didn't they</u>?
13 Your dog didn't eat anything today, <u>did it</u>?
14 There are a lot of mountains in Korea, <u>aren't there</u>?
15 You won't be late again, <u>will you</u>?
16 Pass me the salt, <u>will you 또는 won't you</u>?
17 Let's get together, <u>shall we</u>?
18 Jose came from Spain, <u>didn't he</u>?
19 This is interesting, <u>isn't it</u>?
20 This isn't boring, <u>is it</u>?

▎훈련문제▎ 49

1 cute → <u>How cute!</u>
2 lovely → <u>How lovely!</u>
3 dangerous → <u>How dangerous!</u>
4 a good boy → <u>What a good boy!</u>
5 a strange sight → <u>What a strange sight!</u>
6 bright stars → <u>What bright stars!</u>
7 fresh milk → <u>What fresh milk!</u>

▌훈련문제▐ 50

1 What <u>a</u> cute cat!
2 What <u>an</u> honest boy!
3 What <u>×</u> beautiful houses!
4 What <u>×</u> fresh air!
5 What <u>an</u> old man!
6 What <u>×</u> pretty ladies!
7 What <u>×</u> good boys!

▌훈련문제▐ 51

1 They are very diligent.
   → <u>How diligent they are!</u>
2 The house is very beautiful.
   → <u>How beautiful the house is!</u>
3 She is a very pretty actress.
   → <u>What a pretty actress she is!</u>
4 He runs very fast.
   → <u>How fast he runs!</u>
5 Mary is so honest.
   → <u>How honest Mary is!</u>
6 Mary is a very honest girl.
   → <u>What an honest girl Mary is!</u>
7 He dances very well.
   → <u>How well he dances!</u>
8 The party was so wonderful.
   → <u>How wonderful the party was!</u>
9 It was so wonderful a party.
   → <u>What a wonderful party it was!</u>
10 The game was so exciting.
   → <u>How exciting the game was!</u>

▌훈련문제▐ 52

1 It's my book. <u>그것은 내 책이야.(인칭)</u>
2 It's windy! <u>바람 분다.(비인칭)</u>
3 It's October 15th. <u>10월15일이다.(비인칭)</u>
4 What day is <u>it</u> today? <u>오늘 무슨 요일이지?(비인칭)</u>
5 What is <u>it</u>? <u>그게 뭐지?(인칭)</u>
6 It's my job. <u>그건 내 일이야.(인칭)</u>
7 It's 2 kilometers to Busan. <u>부산까지 2킬로미터야.(비인칭)</u>
8 It's bright in this room. <u>이 방은 밝다.(비인칭)</u>
9 It's hot. So I can't touch it. <u>너무 뜨거워서 못 만지겠어.(인칭)</u>
10 It' so cold today. <u>오늘 너무 춥다.(비인칭)</u>

▌훈련문제▐ 53

1 slow <u>slower</u> <u>slowest</u>
2 well <u>better</u> <u>best</u>
3 young <u>younger</u> <u>youngest</u>
4 old ① <u>older</u> <u>oldest</u> ② <u>elder</u> <u>eldest</u>
5 interesting <u>more interesting</u> <u>most interesting</u>
6 ill <u>worse</u> <u>worst</u>
7 warm <u>warmer</u> <u>warmest</u>
8 hot <u>hotter</u> <u>hottest</u>
9 thin <u>thinner</u> <u>thinnest</u>
10 big <u>bigger</u> <u>biggest</u>
11 much <u>more</u> <u>most</u>
12 happy <u>happier</u> <u>happiest</u>
13 fast <u>faster</u> <u>fastest</u>
14 early <u>earlier</u> <u>earliest</u>
15 useful <u>more useful</u> <u>most useful</u>
16 far ① <u>farther</u> <u>farthest</u> ② <u>further</u> <u>furthest</u>
17 diligent <u>more diligent</u> <u>most diligent</u>
18 tall <u>taller</u> <u>tallest</u>
19 famous <u>more famous</u> <u>most famous</u>
20 cheap <u>cheaper</u> <u>cheapest</u>
21 precious <u>more precious</u> <u>most precious</u>
22 good <u>better</u> <u>best</u>
23 long <u>longer</u> <u>longest</u>
24 many <u>more</u> <u>most</u>
25 little <u>less</u> <u>least</u>
26 lazy <u>lazier</u> <u>laziest</u>
27 few <u>fewer</u> <u>fewest</u>
28 bad <u>worse</u> <u>worst</u>

29 lucky **luckier   luckiest**
30 late ① **later   latest** ② **latter   last**
31 beautiful **more beautiful   most beautiful**

■훈련문제■ 54

1. 더 느린 자동차 a **slower** car
2. 가장 느린 자동차 the **slowest** car
3. 더 좋은 방법 a **better** way
4. 가장 좋은 방법 the **best** way
5. 더 나빠 It's **worse.**
6. 가장 나빠 It's the **worst.**
7. 더 재미있는 책 **more interesting** books
8. 가장 재미있는 책 the **most interesting** book
9. 더 많은 사람들이 필요해 We need **more** people.
10. 내 형 My **older 또는 elder** brother
11. 훨씬(더) 좋아. I feel **better.**
12. 마지막 기회 the **last** chance
13. 가장 최근 뉴스 the **latest** news
14. 더 적은 (양의) 설탕 **less** sugar
15. 더 좋은데. It's **better.**
16. 최고야! It's the **best!**
17. 이제 그만(더 이상 안 돼!) No **farther 또는 further!**

■훈련문제■ 55

1 My brother is tall.
   ① **My brother is as tall as you.**
   ② **My brother is not so(또는 as) tall as you.**
   ③ **My brother is taller than you.**
   ④ **My brother is the tallest in my family.**
2 Mary is pretty.
   ① **Mary is as pretty as Jane.**
   ② **Mary is not so(또는 as) pretty as Jane.**
   ③ **Mary is prettier than Jane.**
   ④ **Mary is the prettiest in my class.**
3 This book is interesting.
   ① **This book is as interesting as that one.**
   ② **This book is not so(또는 as) interesting as that one.**
   ③ **This book is more interesting than that one.**
   ④ **This book is the most interesting in the world.**
4 Tom runs fast.
   ① **Tom runs as fast as John.**
   ② **Tom doesn't run so(또는 as) fast as John.**
   ③ **Tom runs faster than John.**
   ④ **Tom runs fastest of the three.**
5 I get up early.
   ① **I get up as early as you.**
   ② **I don't get up so(또는 as) early as you.**
   ③ **I get up earlier than you.**
   ④ **I get up earliest of the ten.**
6 This rock is big.
   ① **This rock is as big as that one.**
   ② **This rock is not so(또는 as) big as that one.**
   ③ **This rock is bigger than that one.**
   ④ **This rock is the biggest in this forest.**

■훈련문제■ 56

1 책 두 권 **two** books
2 두 번째 책 the **second** book
3 2번째 날 the **second** day
4 2일(이틀) **two** days
5 3막 the **third** act
6 3막 Act **three**
7 세계2차 대전 the **second** World War
8 세계2차 대전 the World War **two**
9 5페이지 Page **five**
10 5페이지 the **fifth** page
11 1학년 the **first** grade
12 2학년 the **second** grade
13 3학년 the **third** grade
14 1루 **first** base
    2루 **second** base

3루 _third_ base

15 1년 _one_ year

16 첫 해 the _first_ year

17 제1권 the _first_ book

18 제1권 book _one_

훈련문제 57

1 25 _twenty-five_
2 500 _five hundred_
3 7,000 _seven thousand_
4 8,000,000 _eight million_
5 45,000,000 _forty-five million_
6 9,000,000,000 _nine billion_
7 35,000,000,000 _thirty-five billion_
8 2억 _two hundred million_
9 3십억 _three billion_
10 4백억 _forty billion_

훈련문제 58

1 8 : 15
  ① _eight fifteen_
  ② a quarter _past(또는 after) eight_
2 8 : 45
  ① _eight forty-five_
  ② a quarter _to(또는 before) nine_
3 9 : 50
  ① _nine fifty_
  ② _ten to(또는 before)_ ten
4 10 : 09
  ① _ten (ou-) nine_
  ② _nine past(또는 after) ten_
5 11 : 30
  ① _eleven thirty_
  ② half to _twelve_
  ③ half past _eleven_

6 11 : 55
  ① _eleven fifty-five_
  ② five _to twelve_
7 12 : 05
  ① _twelve (ou-) five_
  ② five _past(또는 after) twelve_
8 1 : 25
  ① _one twenty-five_
  ② twenty-five _past(또는 after) one_
9 3 : 20
  ① _three twenty_
  ② twenty _past(또는 after) three_

훈련문제 59

1 $\frac{1}{3}$ _one third_ 또는 _a third_

2 $\frac{1}{4}$ _one(또는 a) fourth_ , _a quarter_

3 $\frac{3}{4}$ _three fourths_ , _three quarters_

4 $\frac{1}{2}$ _a second_ , _a half_

5 $\frac{7}{10}$ _seven tenths_

6 $4\frac{3}{5}$ _four and three fifths_

훈련문제 60

1 1446 _fourteen forty-six_
2 1592 _fifteen ninety-two_
3 1620 _sixteen twenty_
4 1914 _nineteen fourteen_
5 1919 _nineteen nineteen_
6 1939 _nineteen thirty-nine_
7 1945 _nineteen forty-five_
8 1999 _nineteen ninety-nine_
9 2004 _two-thousand four_

10 2015 twenty fifteen

훈련문제 61

1 7월 27일   July, twenty-seventh
2 5월 5일   May, fifth
3 4월 3일   April, third
4 11월12일   November, twelfth
5 12월25일   December, twenty-fifth

훈련문제 62

1 (전화로)누구세요? Who's calling 또는 this ?
2 (전화로)전 Tom이에요. This is Tom speaking.
3 (전화로)Mary 있나요? Is Mary there ?
4 (전화로)Mary와 통화할 수 있을까요?
   May I speak to Mary?
5 (전화로)지금 없는데요. She is not in .
6 전화 잘못 하셨습니다. You've got the wrong number.
7 메시지 남겨드릴까요? May I take your message?
8 메시지 남겨도 될까요? May I leave my message?
9 끊지 마세요. Hold on.
10 성함이 어떻게 되시죠? May I have your name, please?
11 전화주셔서 감사합니다. Thank you for calling.
12 시청 가는 길 좀 알려주세요.
   Can you tell me how to get to the City Hall?
   Can you show me the way to the City Hall?
   How do I get to the City Hall?
   Where is the City Hall?
13 여기서 얼마나 멀어요? How far is it from here?
14 버스로 10분 정도 걸려요. It will take 10 minutes by bus.
15 이 길로 죽 직진하세요. Go straight this street.
16 우회전/좌회전 하세요. Turn right/left.
17 맞은편에 있어요. It's across the street.
18 주유소 옆에 있어요. It's next to a gas station.

19 쉽게 찾을 거예요. You can't miss it.
20 그는 어제 낚시하러 갔다.
   He went fishing yesterday.
21 수영하러 갑시다! Let's go swimming!
22 뭐라고요? I beg your pardon ?
23 천만에요.(Thank you에 대한 대답)
   Don't mention it. = My pleasure.
24 조심해요! Watch out!

훈련문제 63

	나라이름	형용사형태/나라사람	언어
1 한국	Korea	Korean	Korean
2 중국	China	Chinese	Chinese
3 일본	Japan	Japanese	Japanese
4 미국	America	American	English American
5 독일	Germany	German	German
6 프랑스	France	French	French
7 이탈리아	Italy	Italian	Italian
8 로마	Rome	Roman	이탈리아어 사용
9 스위스	Switzerland	Swiss	주로 독일어 사용
10 호주	Australia	Australian	영어사용
11 캐나다	Canada	Canadian	영어, 불어사용
12 브라질	Brazil	Brazilian	포르투칼어 사용
13 스페인	Spain	Spanish	Spanish
14 인도	India	Indian	Indian
15 러시아	Russia	Russian	Russian
16 멕시코	Mexico	Mexican	Mexican